Sich verlieben

Wunibald Müller

Sich verlieben
Eine verwandelnde Kraft

Matthias-Grünewald-Verlag · Mainz

Der Matthias-Grünewald-Verlag ist Mitglied
der Verlagsgruppe engagement

Die Deutsche Bibliothek – CIP-Einheitsaufnahme

Ein Titeldatensatz für diese Publikation ist bei Der
Deutschen Bibliothek erhältlich

© 2001 Matthias-Grünewald-Verlag Mainz

Umschlag: Kirsch Kommunikationsdesign, Wiesbaden
Satz: DTP-Service Eckstein & Co. KG, Nierstein/Rh.
Druck und Bindung: Fuldaer Verlagsagentur

ISBN 3-7867-2334-6

Inhalt

Vorwort

Liebe ist gewissermaßen ein geistiger Wahnsinn,
Der den vagabundierenden Menschen
Unwegsame Wege führt:
Er sehnt sich nach Annehmlichkeiten,
Er schlürft Unannehmlichkeiten,
Freuden mit haufigen Schmerzen vermischend.

Romania

Lieber Leser, liebe Leserin, ich will dir eine Geschichte erzählen. Oder besser: Ich will dir eine ganze Reihe von Geschichten erzählen. Deshalb erlaube ich mir auch, dich direkt anzusprechen und zu duzen. Ich stelle mir vor, dass du mir gegenüber sitzt und mir – zumindest die meiste Zeit über – aufmerksam zuhörst. Ich schaue dich dabei immer wieder an, will ich doch wissen, wie du auf das, was ich dir vermitteln möchte, reagierst und ob du mich verstehst, dich das, was ich sage, interessiert, dich gar berührt.

Ich möchte gerne, dass bei dir ankommt, was ich dir erzählen will. Vermutlich wird mir das am ehesten gelingen, wenn du mir mit Ohren zuhörst, die zugleich mit deinem Herzen verbunden sind, ja, ich glaube, nur dann habe ich eine Chance, dich zu erreichen, wenn du auch mit deinem Herzen mir zuhörst. Dann besteht sogar die Chance, dass meine Worte etwas mit dir machen, in dir etwas auslösen, dich vielleicht sogar verwandeln, wenigstens aber einen Prozess in Bewegung setzen, der zu deiner Verwandlung führen kann.

Ich will dir Geschichten vom Verlieben erzählen. Gibt es ein schöneres Thema? Die Beantwortung dieser Frage wird für dich sicher davon abhängen, welche Erfahrungen du bisher in deinem Leben mit dem Verlieben gemacht hast oder in welchem Zustand du dich gerade befindest. Wenn du im Moment so richtig verliebt bist, wird die Antwort bei dir vermutlich ein klares Ja sein. Hast du dagegen schon erfahren, wie es ist, wenn vom Verlieben nur noch ein geplatzter Luftballon übrig geblieben ist, wirst du zumindest zögern, meine Frage mit Ja zu beantworten. So ergeht es auch mir.

Ich habe mich schon oft verliebt. Ich könnte ein Lied singen von den Glücksgefühlen, die ich dabei erlebt habe. Ich könnte aber auch unzählige Klagelieder anstimmen, die von dem Schmerz, der Enttäuschung und der Schmach erzählen, die ich dabei erlitten habe. Es sind vor allem meine eigenen Erfahrungen, die mich immer wieder dazu verleiten, mich mit dem Thema Verlieben zu beschäftigen, auch um mich selbst besser zu verstehen oder in der Auseinandersetzung damit mir etwas Gutes zu tun. Manchmal können sie sogar zur Heilung noch schwelender oder schwärender Wunden bei tragen. Weiter treibt es mich, mehr Einblick in die Dynamik zu bekommen, die abläuft, wenn ich mich verliebe. Und ich habe entdeckt, dass im Verlieben ein großes spirituelles Wachstumspotenial liegt.

Einiges von dem, was mir deutlicher geworden ist, will ich dir mitteilen. Dabei berufe ich mich nicht nur auf meine Erfahrungen. Als Psychotherapeut, aber auch außerhalb meiner beruflichen Tätigkeit bin ich vielen Menschen begegnet, die mir über ihre Erfahrungen beim Verlieben berichtet haben. Auch habe ich wichtige Erkenntnisse dazu in Büchern entdeckt. Das alles soll in meine Geschichten über das Verlieben einfließen. Die Erfahrungsberichte, die ich erzähle, sind fiktiv. Sie sind das Ergebnis von Überlegungen und Zusammenstellungen von Geschichten, die ich erfahren, gehört oder gelesen habe.

Ich schreibe über das Verlieben aus der Sicht des Mannes, lasse in meine Erzählungen aber zugleich auch immer wieder die Erfahrungen von Frauen einfließen. Eine Frau würde manches sicher anders sehen oder andere Akzente setzten. Dennoch glaube ich, dass wesentliche Prozesse, die beim Verlieben ablaufen, auch wenn sie von Frauen anders erlebt und erfahren werden, sich ähnlich sind und die gleiche Zielsetzung verfolgen. Bei dem Kapitel „Durchbruch zu echter Liebe" habe ich viele Anregungen durch die Lektüre von Robert A. Johnsons Buch über die romantische Liebe erhalten.

Wenn ich dabei von der verwandelnden Kraft des Verliebens spreche, kommt zum Ausdruck, dass ich grundsätzlich eine positive Haltung zum Verlieben habe. Wie ich dazu komme, werde ich im Verlauf meiner Erzählung erklären. Ich will ja nicht alles schon am Anfang verraten. Jetzt schlage ich vor, dass du dich bequem hinsetzt und mir – so gut es dir möglich ist – zuhörst. Vergiss dabei nicht, auch mit dem Herzen zuzuhören!

Frau Magdalena Sandler danke ich für die Korrektur des Manuskriptes, P. Cornelius Hörnig für die Übersetzung des Zitates aus „Romania". Das Buch widme ich meiner Frau zu ihrem 50. Geburtstag.

Verzauberung und Kristallisierung

Verzaubert hast du mich,
meine Schwester,
ja verzaubert.

Hohes Lied 4,5

D a ist es wieder. Dieses Entflammtwerden von Liebessehnen. Ich fühle mich zunehmend unsicher. Ja, ich bin wie gelähmt. Ich überlasse es ihr, die Themen einzubringen, hoffe darauf, dass sie jetzt das Gespräch auf uns bringen und sagen wird: „Da ist doch etwas zwischen uns." Ich schaue sie an. Sie lächelt etwas verlegen. „Was ist da zwischen uns?", würde ich gerne fragen. Aber ich kann es nicht aussprechen. Ich komme mir so hilflos vor. Dabei weiß ich doch, was bei mir los ist. Sie hat in mir ein Sehnen entfacht, von dem ich dachte, dass es längst der Vergangenheit angehört. Jetzt ist es wieder da. Ein Sehnen, mächtig, brennend aus der Tiefe kommend, das sich über mein Herz und meinen ganzen Leib ausbreitet.

Erinnerst du dich noch daran, als du dich das erste Mal verliebt hast? Ob du es glauben willst oder nicht – bei mir war es mit sechs Jahren. Ich kann mich heute noch ganz frisch und lebendig daran erinnern. Ich sehe sie vor mir mit ihren blonden Haaren. Sie steht auf dem Schulhof, zwischen uns eine Wasserpfütze. Ich sehe sie und spüre in mir ein besonderes Gefühl für sie. Ein Gefühl, das ich vorher nie hatte. Sie war meine Klassenkameradin. Ich weiß nicht, ob sie mir schon vorher aufgefallen war. Von jetzt an galt jedenfalls ihr mein besonderes Interesse. Ich erinnere mich, wie ich um das Haus ihrer Familie herumschlich in der Hoffnung, sie zu sehen. Oder ich ging zu dem Schreinerbetrieb, etwas außerhalb meiner Heimatstadt gelegen, da ich wusste, dass sie sich dort mit einem Klassenkameraden öfters zum Spielen traf. Ich beobachtete aus der Ferne, wie sie mit ihm und einigen anderen Spielkameraden spielte, getraute mich aber nicht mitzuspielen. Ich hätte es nie im Leben gewagt, sie anzusprechen, gar ihr zu sagen, dass ich mich in sie verliebt habe. Das taten dann meine Brüder, die ich in mein Geheimnis eingeweiht hatte. Ich hätte sterben können vor Scham, als meine Brüder mir mitteilten, dass sie es ihr verraten hatten.

Das ist nun schon so lange her, und dennoch hat sich die Erinnerung daran tief in mir eingeprägt. Der Tiefenpsychologe C.G. Jung, der mich immer wieder fasziniert und in dessen Psychologie ich mich selbst am besten wieder finde, sagt einmal, dass jeder von uns ein Bild von *der* Frau in sich trage. Wenn wir dann diese Frau oder eine gute „Kopie" davon erblicken, stehen wir wie versteinert da und sind verloren. Damit ist aber nicht gesagt, dass wir mit dieser Frau die Frau fürs Leben gefunden haben. Vielmehr mögen wir sehr bald entdecken, dass wir uns höllisch geirrt haben und dass diese Frau uns zur Belastung wird. Solche Gedanken waren für mich mit sechs Jahren rational noch ganz weit weg. Dass es aber so etwas wie ein Bild von *der* Frau in mir gibt und ich im Banne der Frau stehen kann, die dieses Bild von mir verkörpert, glaube ich und habe ich immer wieder erfahren. Begonnen hatte es mit meiner Klassenkameradin. Wenn ich an die entscheidende Begegnung mit ihr zurückdenke und mich frage, was denn die Wasserpfütze bedeuten mag, die zwischen uns war, kommen mir plötzlich Zweifel, ob das damals tatsächlich so gewesen ist. Habe ich vielleicht in der Wasserpfütze lediglich das Bild *der* Frau in mir gesehen, ausgelöst durch die Begegnung mit meiner Klassenkameradin? Wann hat es bei dir begonnen? Wann hast du dich das erste Mal verliebt? Ich meine so, dass du wirklich ein tiefes Gefühl von Anziehung für einen anderen Menschen empfunden und gespürt hast, da kommt eine Kraft über dich, der du dich ausgesetzt fühlst. Die etwas mit dir macht. Die du nicht steuern kannst. Das ist ja ein entscheidendes Kennzeichen beim Verlieben. Eine Kraft kommt über dich, die außerordentlich wirksam und numinos, also geheimnisvoll ist, ganz anders als das, was du sonst erlebst. Plötzlich wirst du von einer Emotion oder einem Bann ergriffen und verhältst dich auf eine Weise, die du gar nicht von dir kennst. Du bist wie verzaubert. Für C.G. Jung (1994,130) ist das Verlieben „wie eine Überwältigung". Man steht dann „unter einem Zauberbann". Dieses Verlieben ist nach der amerikanischen Psychologin Ethel Spector Person (1990,34) nicht auf einen himmlischen Blitzstrahl, Amos Pfeil oder einen Liebestrunk zurückzuführen. Es entsteht in uns selbst „als ein Akt schöpferischer Fantasie, eine kreative Synthese, die darauf abzielt, unsere innersten Wünsche und ältesten Träume zu erfüllen und die es uns ermöglicht, uns zu erneuern und zu verändern."

Wenn ich das sage, bin ich mir bewusst, dass es auch Menschen gibt, die sich noch nie in ihrem Leben verliebt haben. Als ich das zum ersten Mal las, konnte ich es zunächst nicht glauben. Inzwischen habe ich selbst Menschen getroffen, die nichts damit anfangen konnten, als ich ihnen vom Verlieben vorschwärmte. Sie schauten mich groß an und verstanden offensichtlich nur Bahnhof. Die Psychologin Dorothy Tennov, die ein Buch über die Liebe und das Verliebtsein geschrieben hat, meint: „Solche Menschen erwähnten oft, dass sie sich schon lange Gedanken darüber gemacht hätten, ob ihnen etwas in ihrem Leben 'fehlte'. Sie hatten offensichtlich die Liebe, wie sie in Liedertexten, in Dramen, in der Literatur und auch von Freunden beschrieben wurde – mit ihrem Rausch der gemeinsamen Glückseligkeit – noch nie erlebt. Sie wollten sie erleben, so wie jemand einen Film sehen will, von dem alle schwärmen, nicht leidenschaftlich, aber mit einer gewissen Selbstvergessenheit." (1981,152) Andere wieder hatten sich schon einmal verliebt, dabei aber so schlechte Erfahrungen gemacht, dass sie alles daran setzten, eine solche Erfahrung nicht mehr zu machen.

Gehörst du auch zu den Menschen, die das nicht verstehen, wenn ich vom Verlieben spreche, oder zu denen, die beschlossen haben (ob das wohl funktioniert?), sich nicht mehr zu verlieben? Wie ist das für dich, wenn ich hier ständig vom Verlieben rede? Berührt dich das? Oder bist du vielleicht neidisch auf jene, die über solche Erfahrungen verfügen im Unterschied zu dir? Vielleicht erinnerst du dich auch an schmerzvolle Erfahrungen, die du im Zusammenhang mit dem Verlieben gemacht hast. Oder du spürst einfach nur ein großes Verlangen, dich zu verlieben. Verspürst du eine Sehnsucht in dir, dich zu verlieben, lasse diese Sehnsucht zu. Lasse dich von ihr immer wieder anstacheln, bis sie dich zu der ersehnten Erfahrung führt. Spürst du kein Verlangen danach, dich zu verlieben, schließt das nicht aus, dass es dich morgen schon erwischt, dass du plötzlich von einer Kraft gepackt wirst und nicht mehr weißt, wie dir geschieht. Ich glaube, niemand ist gefeit dagegen. Auch du nicht! Rechne also damit.

Du magst denken, dass man sich vornehmlich in jungen Jahren verliebt. Doch das ist ein Märchen. Es gibt Menschen, die verlieben sich immer wieder, sogar bis ins hohe Alter hinein. Einer, für den das in besonderer Weise zutrifft, ist Goethe. Er hat sich mit 74 Jahren noch einmal so richtig in die über 5o Jahre jüngere Ulrike von Levetzow verliebt. Die verzaubernde Kraft des Verliebens muss mit aller Kraft über ihn gekommen sein. In seiner Elegie von Marienbad (1991) beschreibt er sein Verlieben, seine Sehnsucht, seinen Liebesschmerz:

> *Wie leicht und zierlich, fein und zart gewoben*
> *Schwebt seraphgleich, aus ernster Wolcken Chor,*
> *Als glich es Ihr, am blauen Aether droben,*
> *Ein zart Gebild aus lichtem Duft empor;*
> *So sahst du sie im frohen Tanze walten*
> *Die lieblichste der lieblichen Gestalten.*
>
> *Doch nur Momente darfst dich unterwinden*
> *Ein Luftgebild statt Ihrer fest zu halten.*
> *In's Herz zurück! dort wirst du's besser finden,*
> *Dort regt Sie Sich in wechselnden Gestalten;*
> *Zu vielen bildet Eine sich hinüber,*
> *So tausendfach und immer immer wieder.*
>
> *Nun bin ich fern! der jetzigen Minute*
> *Was ziemt denn der? Ich wüsst es nicht zu sagen,*
> *Sie bietet mir im Schoenen manches Gute,*
> *Das lastet nur, ich muss mich ihm entsagen.*
> *Mich treibt umher ein unbezwinglich Sehnen,*
> *Da bleibt kein Rath als graenzenlose Thraenen.*

Den Eltern von Ulrike war die ganze Geschichte zu heikel. Sie sorgten dafür, dass nicht mehr daraus wurde und Goethe Ulrike gar ehelichte. Goethe litt sehr unter dem Abschied von Ulrike. Er ließ sich, so heißt es, immer wieder seine Marienbader Elegie vortragen. Das half ihm, seine Trauer und seinen Schmerz zuzulassen und schließlich über sein Liebesleid hinwegzukommen.
Für Goethe war es nicht das erste Mal, dass er sich verliebte. Man muss bei ihm den Eindruck gewinnen, dass er sich sein ganzes Leben lang immer wieder verliebte, dass ihn diese geheimnisvolle, mächtige, verzaubernde Kraft immer

wieder ergriff und heimsuchte. Diese Kraft war sicher auch eine der Triebfedern seines schöpferischen Schaffens. Die Tiefe, die Leidenschaft, die Gefühlswelt, der wir in Goethes Werken begegnen, kann anders kaum erklärt werden. Da spricht die Seele eines Mannes, der tief berührt worden ist, der aus eigener Erfahrung weiß, wovon er spricht, weil er diese Erfahrungen durchlebt, verkostet und erlitten hat. Da sitzt nicht einer nur am Schreibtisch und saugt sich etwas aus den Fingern. So kann nur jemand schreiben, der selbst in seiner Grundfeste erschüttert worden ist von den gewaltigen Einbrüchen in das Innenleben, die mit den Erfahrungen des Verliebens einhergehen. Zahlreiche Selbstzeugnisse von Künstlern oder Erfindern dokumentieren, so Dieter Wyss (1975, 117 f.) „die enge Verbindung zwischen dem Entfachen einer Liebesbeziehung hier, Beginn einer neuen Phase kreativer Entwicklung dort". Goethe ist für ihn ein Musterbeispiel für die enge Verbindung zwischen Kreativität und Liebesleidenschaft.

Hast du schon einmal *Die Leiden des jungen Werther* von Goethe (1899) gelesen? Das haut dich um. Vielleicht nicht, wenn du es als Pflichtlektüre in der Schule gelesen hast. Wenn das schon lange her ist, lies es nochmals und lasse dich dabei vor allem auf die Gefühlswelt ein, die dir dort begegnet. Solltest du dich jemals unsterblich verliebt haben, wirst du dort an tausend Stellen deine Gefühle und Empfindungen, deine Gedanken und Fantasien, dein Sehnen und Leiden, wieder finden. So erging es jedenfalls mir, als ich mich als junger Erwachsener zum ersten Mal unsterblich verliebte und in dieser Zeit Goethes Werther las. Was sage ich, las. Jedes Wort saugte ich in mich auf. Hier fand ich in treffenden Worten wieder ausgedrückt, was ich in diesem Zustand fühlte und erlebte:

Ein Engel! – Pfui! das sagt jeder von der Seinigen, nicht wahr? Doch bin ich nicht im Stande, dies zu sagen, wie sie vollkommen ist, warum sie vollkommen ist: genug, sie hat allen meinen Sinn gefangengenommen! – Ich fand so viel Charakter in allem, was sie sagte, ich sah in jedem Wort neue Reize, neue Strahlen des Geistes aus ihren Gesichtszügen hervorbrechen, die sich nach und nach vergnügt zu entfalten schienen, weil sie an mir fühlte, dass ich sie verstand. Wie ich mich unter dem Gespräch in den schwarzen Augen weidete! wie ihre lebendigen Lippen und die frischen Wangen meine ganze Seele anzogen! wie ich in dem herrlichen Sinn ihrer Rede ganz versunken, oft gar die Worte nicht hörte, mit denen sie sich ausdrückte.“ (30)

Die Worte Werthers geben wieder, was ich damals empfand. Ich war versunken in sie. Ich war so sehr absorbiert von ihr, dass ich zunehmend meine Umgebung nicht mehr wahrnahm. Für mich traf genau zu, was Marlene Dietrich in dem Film *Der blaue Engel* so zu Herzen gehend besingt – so sehr man das im nüchternen Zustand als romantisch oder gar kitschig empfinden mag: *„Ich bin von Kopf bis Fuss auf Liebe eingestellt und das ist meine Welt und sonst gar nichts.“* Mein ganzes Interesse galt ausschließlich ihr. Alles in mir streckte sich aus nach ihr. Sie nahm mich voll in Beschlag. Alles in meinem Leben konzentrierte sich von jetzt an nur noch auf sie. Alle meine Energie und Kreativität galten nur noch ihr. Mein seelisches Befinden, mein Glück oder Unglück lagen in ihren Händen, hingen ab von ihrem Verhalten mir gegenüber. Ich war wie Lehm in ihren Händen.

Als ich sie zum ersten Mal besuchte und fragte, was wir denn miteinander unternehmen sollten, wünschte sie sich, mit mir zum Tanzen zu gehen. Es war gar nicht so einfach, einen Ort dafür zu finden. Doch ich scheute keine Mühen und ließ nicht nach, bis ich ein Tanzlokal ausfindig gemacht hatte. Und dann tanzten wir miteinander. Ich sehe jetzt noch ganz deutlich ihr strahlendes Gesicht vor mir und die Leichtigkeit, mit der sie sich bewegte. Ich war selig und genoss es, mit ihr zu sein, sie so nahe bei mir zu spüren. Mir erging es wie Werther (32):

Tanzen muss man sie sehen! Siehst du, sie ist so mit ganzem Herzen und mit ganzer Seele dabei, ihr ganzer Körper eine Harmonie, so sorglos, so unbefangen,...Nun ging's an! und wir ergetzten uns eine Weile an mannigfaltigen Schlingungen der Arme... Ich war kein Mensch mehr. Das liebenswürdigste Geschöpf in den Armen zu halten und mit ihr herumzufliegen wie Wetter, dass alles rings umher verginge...

Stendhal (1944, 28 f.), ein Klassiker, der sich sehr viele Gedanken über das Verlieben gemacht hat, gebraucht in seinem Buch *Über die Liebe* eine wunderbare Metapher, um zu beschreiben, was im Prozess des Sichverliebens geschieht. Es findet dabei eine *Kristallisation* statt. Im Kapitel über die Geburt der Liebe schreibt er dazu:

Wenn man tief in einen verlassenen Schacht der Salzbergwerke bei Salzburg einen kahlen Baumzweig wirft und ihn zwei oder drei Monate später wieder herauszieht, wird man ihn voll glitzernder Kristalle wiederfinden. Auch die kleinsten Ästchen, nicht größer als die Krallen einer Meise, sind von einer Unzahl lebhaft funkelnder Diamanten bedeckt, sodass der ursprüngliche Zweig nicht mehr zu erkennen ist... Was ich Kristallbildung nenne, ist die Tätigkeit des menschlichen Geistes, mit allem, was ihm unterkommt, die Entdeckung neuer Vorzüge des geliebten Wesens zu verbinden... Man gefällt sich, eine Frau , deren Liebe man sicher ist, mit tausend Vorzügen zu schmücken, so wie man sich anschickt,

sein Glück mit unendlichem Vergnügen vor sich auszubrei-
ten. Schließlich überschätzen wir alles wie ein großartiges
Eigentum, das uns gerade wie vom Himmel herabgekom-
men und dessen Besitz uns gesichert erscheint, wiewohl wir
es nicht kennen...Lasst den Kopf eines Liebenden vierund-
zwanzig Stunden lang arbeiten und seht, was dabei her-
auskommt...
Die Kristallbildung im Kopf jedes Menschen wird... die be-
sondere Tönung seiner Wünsche tragen. Die Schönheit ei-
ner Geliebten, die ganze Kristallbildung, ist nichts anderes
als die Gesamtheit aller erfüllten Wünsche, die sich im Lau-
fe der Zeit bei ihrem Anblick gebildet haben."(58)

Im Zustand des Verliebtseins, entbrannt von Liebessehnen,
verwandle ich alles, was ich an der geliebten Person entdecke oder was mich an sie erinnert, in einen Kristall, in
etwas Außergewöhnliches und Wunderbares. Der Anblick
alles Schönen in der Natur und in der Kunst erinnert uns
blitzschnell, so Stendhal, an die Geliebte. Alles, was wir
erleben ist eingefärbt von unseren Erfahrungen des Verliebtseins. Besonders deutlich wird dieses Verklären bei allem,
was mit der Geliebten in Verbindung gebracht wird. Der
Geburtsort der Geliebten erhält jetzt eine Weihe, wird zu
etwas besonderem. „Der Ort, an dem sie weilte, verwandelt sich in ein Heiligtum" (Schubart 1989,133). Sieht der
Geliebte den Autotyp, den sie fährt, mit der gleichen Farbe,
schlägt sein Herz schneller.
Für Werther wird selbst alles, was Lotte berührt, zu etwas
Außergewöhnlichem. „O, Lotte, was erinnert mich nicht
an dich!" ruft er aus. Ja, sie wird für ihn gar zur Heiligen,
wenn er sagt: „... habe ich nicht, gleich einem Kinde unge-
nügsam allerlei Kleinigkeiten zu mir gerissen, die du Heilige berührt hattest."

Eine Heilige war für mich auch meine erste Liebe als angehender Erwachsener. Die ihr von mir verliehene Heiligkeit machte sie für mich noch begehrenswerter. Auf allem, was sie berührte, ruhte in meiner Vorstellung ein besonderer Segen. Sie hüllte alles in eine Atmosphäre, die dem Alltag enthoben war. Jetzt, nach so vielen Jahren, muss ich darüber schmunzeln. Damals aber hatte ich das tatsächlich so erlebt. Eine Berührung von ihr ließ alles in mir vibrieren, löste in mir einen heiligen Schauer aus.

Hast du genug von Werther und der Faszination des Verliebens? Das ist doch alles Schall und Rauch, das sind Illusionen, eine Art Fata Morgana magst du sagen. Verzerrungen der Wirklichkeit, romantische Anwandlungen, die einem den Kopf verdrehen und dumme Dinge tun lassen. Das ist doch verrückt! Oder nicht? Verliebt zu sein ist ja auch ein ver-rückter Zustand. Vieles, was sonst gilt, ist ver-rückt, gilt jetzt nicht mehr. Manche meinen, sich zu verlieben sei eine Art Krankheit. In bestimmten Formen des Verliebens kann Krankhaftes, eine Selbstwert- oder Abhängigkeitsproblematik zum Ausdruck kommen. Es kann aber nicht die Rede davon sein, generell vom Verlieben als etwas Krankhaftem zu sprechen. Nach Ethel Spector Person (1990,88) ist es der obsessive Charakter der Liebe, „der Außenstehende veranlasst, ihr mit Skepsis zu begegnen und sie fast schon für eine Form von Verrücktheit zu erklären". Genau das ist es aber, was es möglich macht, „dass Liebe verändernd wirkt. Die ständige Beschäftigung mit dem immer gleichen Gedankeninhalt ist dem 'Durcharbeiten' in der psychoanalytischen Therapie vergleichbar. In jeder Vorstellung und in jedem Traum ist die geliebte Person eingewoben. Solche obsessiven Gedankeninhalte sind immer ein Zeichen für einen wichtigen psychischen Prozess, der eine Veränderung der Loyalitäten, Werte, Wahrnehmungsmuster und Ziele und auch des Selbstgefühls beinhaltet."

Nach Shakespeare bestehen Wahnwitzige, Poeten und Verliebte aus Einbildung. Das ist eine ausgezeichnete Beobachtung. Sie sehen etwas, was andere nicht sehen können. „Diese Menschen übersteigen, transzendieren in ihrer Weise die Alltäglichkeit des Daseins ...Ihr schöpferischer Impetus beruht eben in dem Vermögen, im anderen möglicherweise 'mehr' zu sehen, als er faktisch ist, damit die Kommunikation anzuregen und zu erweitern". (Wyss 1975,118) Das ist das Faszinierende bei Dichtern und Verliebten. Sie sehen tiefer und verfügen über die Fähigkeit und die Kraft, das, was als Wirklichkeit angenommen wird, zu verwandeln. Ich kann das als Illusionen und Hirngespinste abtun. Ich kann aber auch dahinter eine Fähigkeit sehen, die den Verliebten für eine Weile im geliebten Menschen eine tiefere Wahrheit entdecken lässt.

Damit das möglich ist, muss etwas Gewaltiges in unserer Seele geschehen. Es vollzieht sich ein Durchbruch hin zur Seele. Es ist dieses Durchbrechen des sonst Üblichen, das Wahnwitzige, Poeten und Verliebte miteinander verbindet. Sie bewegen sich an der Grenze zwischen Wirklichkeit und Fantasie, zwischen dem, was gängigerweise als normal und dem, was nicht mehr als normal gilt. Nur wenn sie bereit sind, diese Grenze zu überschreiten, dürfen sie Erfahrungen machen und Dinge sehen, die andere entbehren müssen oder ihnen verborgen bleiben. Der Geliebte oder die Liebende sind für Dieter Wyss (1975, 118 f.) mit „dem Künstler zu vergleichen, der in seiner Schöpfung ihm selbst Verborgenes sichtbar macht. Wer sich darauf einlässt, lässt sich auf eine Gratwanderung ein, riskiert auch, mit einer Macht in Berührung zu kommen, die ihn überfordert. Zugleich kommt er aber auch mit einer Quelle in Kontakt, die ihn und sein Leben bereichert, wenn er aus ihr trinkt und sich von ihr befruchten lässt."

Die verwandelnde Kraft des Verliebens wird dabei auch in der geliebten Person wirksam. Wenn der Dichter Gabriele

O'Annunzio (in: Person 1990, 56) „mit einer Person spricht, die er gern hat, verwandelt er sich in Phoebus Apollo selbst", zugleich erhebt er aber auch die Seele der Geliebten „aus den Niederungen dieser Welt in die göttliche Sphäre... Zu jener Zeit warf er über jede seiner Favoritinnen einen schimmernden Schleier. Sie erhob sich über die normalen Sterblichen und wandelte in einem eigenartigen Strahlenkranz umher. War die Laune des Dichters jedoch vorüber, verschwand der Schleier, das Strahlen erlosch, und die Frau war wieder gewöhnlicher Lehm."

Im Zustand des Verliebtseins fallen wir in einen paradiesischen Zustand zurück, zu dem auch die reine, fast heilig anmutende Liebe zählt. Eine Liebe, vollkommen, der Wirklichkeit und dem Alltag enthoben. Auch wenn wir längst aus dem Paradies vertrieben worden sind – in der Erfahrung des Verliebtseins ist wie ein „Instinkt", der uns Menschen als Überbleibsel aus paradiesischen Zeiten geblieben ist. Für eine gewisse Zeit wird er zur bestimmenden Kraft in unserem Leben. Wir erhalten eine Ahnung, was es heißt, im Paradies zu leben, den Himmel auf Erden zu verkosten.

Im Verliebtsein bricht unsere Sehnsucht nach paradiesischen Verhältnissen durch. Das aber ist nicht nur Illusion und Wahnwitz. Durch einen anderen Menschen wird eine ganz tief in uns angelegte Sehnsucht wachgeküsst. Wir werden mit einer Erlebnisweise in uns vertraut gemacht, die uns bisher verschlossen blieb. Würden wir uns nicht verlieben, wären wir um eine wesentliche Erfahrung ärmer.

Den heranwachsenden Menschen reißt das Sich-Verlieben aus dem Kreisen um sich selbst heraus. Damit das geschehen kann, bedarf es eines starken Anreizes, wie er im Verlieben gegeben ist. Galt bisher vornehmlich mir selbst mein Interesse, konzentriere ich mich jetzt, nahezu ausschließlich, auf die geliebte Person. Sie möchte ich mit meiner Aufmerksamkeit, meiner Liebe, meiner Zärtlichkeit über-

häufen. Jeden Wunsch möchte ich ihr von den Lippen ab-
lesen. Sie möchte ich erkennen, ertasten, erspüren.

„Stark wie der Tod ist diese Liebe, die Leidenschaft hart
wie die Unterwelt. Ihre Gluten sind Feuergluten, gewichti-
ge Flammen." Diese Sätze aus dem Hohen Lied schrieb ich
damals meiner großen Liebe. Sie trafen voll mein Empfinden für sie. In mir war ein Vulkan ausgebrochen. Was bisher an Sehnsucht und Leidenschaft von mir nicht zugelassen worden war, purzelte und flog jetzt nur so heraus und
ergoss sich über die Geliebte, ob sie es wollte oder nicht.
Es ging ja auch noch darum, sie zu erobern. Die Vorstellung, sie könnte meine Liebe nicht beantworten, war furcht-
bar.

Die Zweifel, ob die Geliebte die Liebe beantworten wird,
fördern nach Stendhal (1944, 32f.) die Kristallisation. Er
spricht von der zweiten Kristallbildung:

*In jeder Viertelstunde der Nacht, die der Entstehung des
Zweifels folgt, redet sich der Liebende nach Augenblicken
schlimmsten Unglücks ein: 'Sie liebt mich doch.' Die Kristallbildung geht weiter, und er entdeckt wieder neue Reize, bis
der Zweifel ihn erneut aus gestörtem Auge anblickt und
den Schwung seines Gedankens lähmt. Der Atem steht ihm
schier still, und er fragt sich: 'Liebt sie mich wirklich?' Inmitten dieser bald quälenden und dann wieder köstlichen
Seelenzustände fühlt sich der arme Verliebte lebhaft: 'Sie
allein könnte mir Freude gewähren wie keiner sonst auf der
Welt'. Die Augenscheinlichkeit dieser Wahrheit, dieser Weg
am äußersten Rand eines furchtbaren Abgrundes, indes wir
mit einer Hand schon das vollkommene Glück berühren,
geben der zweiten Kristallbildung eine um vieles größere
Bedeutung als der ersten.*

Diese Unsicherheit ist kaum auszuhalten. Oder ging es dir anders? Du bist total verliebt in die andere Person und weißt nicht, wie sie zu dir steht. Wie kann ich das erfahren, wie ausloten? Welchen ersten Schritt kann ich wagen, ohne mich zu blamieren? Wie erfahre ich, ob sie auch für mich etwas empfindet? Alles, was sie mit Worten, mit ihrer Mimik, dem Klang ihrer Stimme sagt, wird darauf hin ausgewertet. Diese Phase im Prozess des Verliebtseins ist, so Esther Spector Person (1990, 47 f.) „eine Zeit des Pendelns zwischen Hoffnung und Hoffnungslosigkeit, süßer Pein und grenzenloser Sehnsucht."

Ich treffe meine große Liebe in einem Café. Ich überlasse es ihr, das Gespräch zu beginnen, in der Hoffnung, dass sie das Gespräch auf uns bringt, sagt: „Zwischen uns da ist doch etwas." Oder täusche ich mich vielleicht doch? Mache ich mir nur etwas vor? Will ich lediglich, dass es so ist? Was hält mich eigentlich zurück? Angst, die Kontrolle zu verlieren? Angst, enttäuscht zu werden? Von ihr zu erfahren, das überrasche sie, ja täte ihr leid, das habe sie nicht bei mir auslösen wollen? Sie selbst hat bis jetzt immer noch rechtzeitig vor der Grenze, die uns trennt, halt gemacht, indem sie es beim Sprechen über dieses und jenes bewenden ließ das Sprechen über uns aber aussparte. Ich kämpfe mit mir. Eine Seite in mir sagt: „Du musst ihr jetzt sagen, was du für sie empfindest." Tue ich es nicht, wird mein Gefühl von Hilflosigkeit noch mehr von mir Besitz ergreifen und mich lähmen. Meine Sprachlosigkeit wird immer größer. Unser Gespräch gerät ins Stocken. Die Pausen werden immer länger. Ich schaue auf meine Tasse Kaffee, greife aus Verlegenheit nach meiner Serviette und fingere an ihr herum. Die andere Seite in mir verwehrt es mir zu sagen, was ich für sie empfinde. Ich kann es nicht, selbst wenn ich es wollte. Ich komme mir vor wie eingesperrt und zur Unbeweglichkeit verurteilt. So sitze ich ihr gegenüber. Es ist ein

„beschissenes Gefühl". Ich komme mir vor wie der „letzte Depp". Jede Unbefangenheit ist dahin. Ich sitze da wie ein „Gemüse", unfähig klar zu denken, außer Stande zu reagieren, geschweige denn etwas zu initiieren. Ein Schubs würde genügen, um mich zu Fall zu bringen. Mein Innerstes bleibt versiegelt. Ich verstecke es. Ich will, kann es ihr nicht zeigen. Ich fühle mich unwohl dabei. Ich halte etwas zurück, von dem ich deutlich spüre, dass es da ist. Ich weiß nicht, ob sie etwas zurückhält. Ich bin mir nicht sicher, ob sie das spürt, was ich spüre, ob sie das für mich empfindet, was ich für sie empfinde. Vielleicht bin ich für sie ja nur ein guter Bekannter, mit dem man offen über alles reden kann. Bevor wir auseinander gehen, nehme ich alle Kräfte zusammen, die ich noch besitze, und sage zu ihr: „Wir müssen einmal darüber reden, was zwischen uns ist". „Ja", sagt sie, „das stimmt. Es wird immer mehr." Dann schweigen wir. „Soll ich jetzt weiter sprechen?", frage ich mich. Doch ich spüre wieder die Bremse, die mich daran hindert. Dabei ist jetzt doch klar, dass auch bei ihr etwas da ist. Kann es wirklich sein, dass sie sich auch in mich verliebt hat? Und wenn es sich so verhält? Fast gewaltsam versuche ich mich den Einflüsterungen zu entreißen, die mir sagen: Ja, es ist so. Sie liebt dich. Doch sie siegen. Also lasse ich mich von dem süßen Gesang, der mich bei der Vorstellung, dass sie mich liebt, innerlich erfüllt, in die Fantasiewelt der Ekstase davontragen. Doch bevor mich die Ekstase ganz davonträgt, gebe ich mir einen Ruck, umarme sie kurz, reiße mich los von ihr und verabschiede mich. Die Melodie in mir geht weiter, mal stürmisch und leidenschaftlich, dann wieder klagend und traurig.

Erinnerst du dich an die Zeit, als dir klar war: Sie erwidert deine Gefühle, sie ist in dich verliebt? Zu erfahren, dass die von mir geliebte Person meine Liebe erwidert, gehört sicher zu den wunderbarsten Momenten in unserem Leben.

Alle Unsicherheit wird hinweggefegt. Unser Glück ist vollkommen. Es ist, als öffne sich der Himmel. Der ersehnte paradiesische Zustand ist Wahrheit geworden. Erinnerst du dich noch an das Glück, die Aufregung und die Seligkeit, die du in solchen Augenblicken erlebt hast, als deine Sehnsüchte, Träume, Fantasien Wirklichkeit wurden, du fast überwältigt warst vor Glück? In diesem Moment ist für dich alles gut. Die Geliebte ist gut, die Situation ist gut, du bist gut. Magst du zuvor noch Zweifel gehegt haben, ob du ihr wohl genügen wirst, jetzt ist das keine Frage mehr. Sie hat doch ja zu dir gesagt. Sie mag dich. Also bist du in Ordnung. Für dich ist entscheidend, dass sie dich für liebenswert hält. Das genügt dir.

Nach Esther Spector Person (1990, 84 f.) verändert das Geliebtsein unser Selbstwertgefühl. Es erweckt in uns das Positive. Wir haben das Gefühl, „heil zu werden, in Harmonie mit dem Anderen und uns selbst zu stehen. Indem jeder Liebespartner im anderen das Beste sieht, fördert er gewissermaßen das Wertvollste in ihm zu Tage, auch wenn es bislang verschüttet war oder brach lag. Dieses Gute zu realisieren ist das Bestreben der Liebe. Der Liebende fühlt sich in seinen Möglichkeiten erweitert, spürt in sich neue Fähigkeiten und ein neugewonnenes Gefühl gut zu sein... die geliebte Person sieht in dem Liebenden das Gute, von dem er nur eine schemenhafte Ahnung hatte. Was es uns erlaubt, uns zu verlieben, ist oft genug das positive Bild von uns selbst, das uns die Augen der anderen Person zurückspiegeln... Dieses Bild ermöglicht es uns, uns selbst – und deshalb auch einen anderen Mensch zu lieben. Nicht selten werden wir dadurch, dass wir geliebt werden, tatsächlich liebenswerter. Das neue Selbst ist vielseitiger und reichhaltiger."

Ich schaue sie an. Sie errötet leicht. „Du, ich liebe dich", sagt sie. Ich bin selig. Die bis jetzt auf mir lastende Ungewissheit weicht. „Ich habe es gewusst", sagt eine Stimme in mir. Sie gehört mir. Sie und nur sie. Wir verlassen das Lokal. Sie wendet sich mir zu und küsst mich mit einer Leidenschaft, die ich nicht erwartet hatte. Sie presst sich an mich und überhäuft mich mit ihren Küssen, die in Zungenküsse übergehen. Sie lässt mich nicht mehr los. Ich kann es noch gar nicht richtig wahrhaben und glauben. Kann das wirklich sein, dass die Frau, der all mein Sehnen galt, meine Gefühle erwidert? Ich bin wie betäubt. Meine Seele ist noch nicht so weit. Zu lange hat die Zeit der Ungewissheit gedauert. Die Tiefen und die Höhen kommen zu schnell nacheinander. Ich könnte jauchzen vor Vergnügen, doch zugleich spüre ich noch einen Rest von der Beklemmung und Unsicherheit der vorausgegangenen Tage und Wochen. Kann es wirklich sein, dass meine Sehnsucht sich erfüllt hat? Darf ich dem trauen? Eng umschlungen gehen wir durch die Stadt, bis wir uns schließlich doch trennen müssen. Es ist kurz vor Mitternacht. Ginge es nach mir, könnten wir noch stundenlang so durch die Nacht gehen. Was heißt stundenlang – ewig könnte das so weitergehen.

Gibt es bei der Geliebten Anzeichen dafür, dass auch sie verliebt ist, schreitet die Kristallisation voran. Die Geliebte wird in den Augen des Verliebten noch schöner. „Für ihn sind ihre Schönheit, ihre Seele und ihr Charakter makellos." (Person 1990,47) Im Unterschied zu dem Zweig, der sich im Kristallisationsprozess tatsächlich und für jedermann sichtbar mit Kristallen überzieht, bleibt die Verwandlung der Geliebten den Außenstehenden verborgen, „mag die Macht der Liebe sie noch so tiefgreifend verwandeln." (48) Diese Erfahrung hast du vielleicht auch gemacht. Deine Umgebung kann überhaupt nicht verstehen, was du an der geliebten Person findest, was du in ihr siehst. Ich erinnere mich, wie ich einem Bekannten ein Bild gab, auf dem viele Personen, darunter viele Frauen waren, und ihn fragte, in welche Frau ich mich verliebt habe. Ich konnte es gar nicht glauben, dass er mit seiner Einschätzung zwei-, dreimal daneben lag. Es konnte doch nur die eine sein. Sie umgab doch ein Glanz, sie leuchtete einem auf dem Bild so hell und stark entgegen, ganz abgesehen davon, dass sie doch unübersehbar die Schönste war. Wie konnte er nur so blind sein, dachte ich bei mir.

Die wesentlichen Dinge vermag man nur mit dem Herzen zu sehen. Die innere Schönheit, die Einzigartigkeit der geliebten Person kann nur der Verliebte selbst sehen, da er sie vom Herzen her sieht. Er sieht dabei etwas, was nicht nur seiner Fantasie entspringt. Er darf für einige Zeit etwas vom göttlichen Kern der geliebten Person sehen oder zumindest erahnen, gleichsam einen kurzen Blick darauf werfen. „Er sieht ihr besseres Ich. 'Der Blick der Liebe nimmt im geliebten Wesen die göttliche Vollkommenheit und Unendlichkeit wahr, und er täuscht sich nicht' (A. Coomaraswamy). Liebe ist ja die Kraft, die uns befähigt, die Geliebte als Sinnbild des Göttlichen zu schauen, die Stelle erkennend, wo sie mit dem unsterblichen Teil ihres Wesens das Göttliche streift" (Schubart 1989, 129). Da er der Geliebten als einer Person begegnet, die das Göttliche in ihr sieht, bringt er auch in ihr selbst das Göttliche zum Klingen, fühlt sie sich selbst, „aus den Niederungen dieser Welt in die göttliche Sphäre" gehoben (Person 1990, 56 f.).

Die entscheidende Verwandlung vollzieht sich aber im Verliebten. Das Verliebtsein verwandelt ihn. Es weckt Kräfte in ihm, die bisher ungenutzt darniederlagen. Es erschüttert ihn, dass er sich auf eine Weise spürt, wie ihm das bisher unbekannt war. Saiten in ihm werden zum Klingen gebracht, deren Töne er bisher nicht vernommen, vielleicht im Traum wie aus großer Ferne kommend gehört hatte. Sein Denken, sein Fühlen, sein Wahrnehmen, seine Einstellungen – alles steht unter dem verwandelnden und verändernden Einfluss des Sich-Verliebens. Kreative Kräfte werden in ihm wach, Fähigkeiten sichtbar, die bis jetzt anscheinend in ihm schlummerten.

Hinwendung zum Du

In den Armen der geliebten Person
fühlt der Liebende, wie sich seine Welt
über ihre bisherigen Grenzen hinaus ausdehnt

Esther Specter Person

Was ich als Sechsjähriger an Verliebtheit in mir verspürte, allerdings bereits so stark, dass ich es als etwas erfuhr, das mich ergriff, war später als angehender Erwachsener unbeschreiblich heftiger, durchtränkt von einem ganz starken und tiefen Verlangen nach Nähe und Sehnsucht nach einem Menschen, der zu mir gehörte und zu dem ich gehörte. Es war gepaart mir dem starken Verlangen nach sexueller Innigkeit.

In jedem intensiven Verlieben spüren wir tief in uns die Sehnsucht nach Erfüllung. Es ist die Ursehnsucht nach Ergänzung durch eine andere Person. Diese Ergänzung oder auch Ganzheit erreichen wir nach C.G. Jung (1958, 259 f.) „durch die Seele, die ihrerseits nicht sein kann ohne ihre andere Seite, welche sie stets im 'Du' findet." Im Verlieben kann die Hinwendung zum Du gelingen. Das ist das Spannende beim Verlieben: Das Kreisen um sich selbst wird gesprengt durch die Hinwendung zur anderen Person. Es bedarf dazu als Initialzündung des Entbranntwerdens durch die andere Person. In besonderer Weise gilt das für den Heranwachsenden. Für ihn bahnt sich im Verlieben ein weiterer wichtiger Entwicklungsschritt an: die Entdeckung des anderen und dabei auch des anderen Geschlechts und das allmähliche Vertrautwerden damit. Diese Zeit ist die Geburtsstunde der Befähigung zur Empathie und der Intimität. Es ist ein Ausbrechen und zugleich ein Einbrechen. Ich breche *aus* aus meiner bisherigen kleinen Welt, in der es bisher vornehmlich nur um mich ging. Ich breche *ein* in die Welt eines anderen Menschen, um ihn mir mehr und mehr vertraut zu machen. Esther Spector Person (1990, 43f.) beschreibt diesen Vorgang so:

Der Verliebte fühlt sich von einer gewaltigen Emotion erfasst, buchstäblich davongetragen, und reitet frohlockend auf dieser Gefühlswelle, solange er hoffen kann oder die geliebte Person ihm sogar eindeutige Signale ihrer Liebe zukommen lässt. Wenn sich die Dinge positiv entwickeln, scheint die Hochstimmung der Liebe gleichzeitig eine neue Freiheit mit sich zu bringen, und dieses Gefühl ist nicht nur Illusion. Sich zu verlieben bedeutet in der Tat eine der weitestgehenden Formen von Freiheit – die Freiheit von den Grenzen des eigenen Selbst. Anstatt sich mit sich selbst zu beschäftigen, zentriert man sich nun zeitweise ganz auf den Anderen. Der Liebende ist an die geliebte Person gebunden, aber dabei paradoxerweise von sich selbst befreit. Er hat das Gefühl, dass jemand anders in seine subjektive Welt eingetreten ist, und umgekehrt.

Das ist eine aufregende Angelegenheit. Das Abenteuer Leben wird dadurch um viele Nuancen bereichert. Ich erlebe ganz Neues, bisher Ungewohntes. Das Eintauchen in die Gedanken – und Gefühlswelt einer anderen Person, die dazu noch einem anderen Geschlecht angehört, hat Auswirkungen auf meine Art zu denken und zu fühlen. Ich werde dadurch herausgefordert, bereichert und, lasse ich mich darauf ein, verwandelt. Ich mache in dieser Phase meines

Lebens eine Erfahrung, die mich grundsätzlich verändert und hinter die ich nicht mehr zurückgehen kann und in der Regel auch nicht mehr zurückkehren möchte.

Während ich im Werther lese, sehe ich sie vor mir. Sie hat mir gegenüber offen über sich gesprochen, weil sie das Gefühl hat, dass ich sie verstehe. Es fällt mir auch tatsächlich nicht schwer, in ihre Welt einzutauchen, manchmal so sehr, dass ich mich dabei fast selbst vergesse und ganz in ihrer Welt aufgehe. Alles in mir ist ganz eingestellt auf sie. Sie lässt mich Anteil nehmen an ihrem Leben, ihren Ängsten, Hoffnungen, Sehnsüchten und Träumen, und ich vermag sie auch zunehmend an meinem inneren Leben teilhaben zu lassen. Ich will, dass mein Verstehen übergeht in ein beiderseitiges Erkennen, bei dem wir beide uns so füreinander öffnen, dass wir unser innerstes Empfinden nicht voreinander verhüllen, sondern uns gehen lassen, uns enthüllen, alles fallen lassen, los lassen und sein lassen, was wir vorher zurückgehalten haben.

Offensichtlich bedarf es der Wucht des Verliebens, um innerlich weiter und so vom Egozentriker zum Allozentriker zu werden. In dieser Phase ist unser Geben darauf ausgerichtet, „der Geliebten etwas Gutes zu tun" (Tyrell 1994,17f). Es ist eine verschwenderische Liebe, die nicht kalkuliert. Ich will nur geben, alles in mir hergeben für sie, um sie zu beglücken. Was soll es, dass die Telefonrechnungen in dieser Zeit astronomisch steigen. Du scheinst in dieser Phase alle Zeit der Welt zu haben, um deiner Geliebten seitenlange Briefe zu schreiben. Das Geld, das du ausgibst, um sie mit deinen Geschenken und Einladungen zum Essen, Kino- oder Konzertbesuch zu erfreuen, reut dich nicht. Sie stundenlang in den Arm zu nehmen, sie zu massieren, zu streicheln, mit ihr Liebe zu machen, ermüdet dich nicht. Du scheust keine Mühen, ihr jeden nur erdenklichen Wunsch von den Augen abzulesen und, soweit es dir möglich ist, auch zu erfüllen. Du denkst und fühlst ganz von ihr her. Ihr Wohlergehen und Glück sind für dich eine Herzensangelegenheit.

Du magst sagen, klar, das kenne ich. Aber das ist doch nicht Liebe. Das tue ich doch nur aus dem Gefühl des Verzaubertseins heraus oder weil ich will, dass sie bei mir bleibt, sie mich nicht verlässt. Sie soll erfahren, dass ich sie glücklich machen kann. Besser, ja viel besser als jeder andere. Du hast Recht. Auch das spielt eine Rolle. Doch in alledem kann auch die Schale zerbrechen, die dich bis jetzt in deiner eigenen Welt „gefangen hielt". Es vollzieht sich ein Durchbruch zur anderen Person hin. Die Oberfläche bricht, da sie dem Druck der Kraft keinen Widerstand zu leisten vermag, die auf die geliebte Person hin ausgerichtet ist. Diese Kraft trägt in sich den Kern wahrer Liebe.

Der junge Priester, der sich in eine Frau verliebt hat, sagt: „Jetzt fange ich an zu leben. Sie hat das Leben in mir erweckt. Seit ich sie kenne, wird für mich das, was ich bisher getan habe, fragwürdig. Alle Erfolge, die ich gehabt habe, geben mir nichts angesichts dieser Erfahrung meiner Liebe. Sie nährt mich. Der Erfolg, die Anerkennung in der Gemeinde, können mich nicht nähren. Diese Frau ist für mich wie eine Blume, die ich jeden Tag neu begießen möchte, damit sie blühen kann. Für sie möchte ich da sein. Ich will endlich leben, will endlich auf mich schauen, will für mich etwas tun. In der Beziehung mit ihr habe ich einen Geschmack von Leben bekommen, auf den ich nicht mehr verzichten möchte."

In einer solchen Aussage mag viel Unrealistisches und Romantisches zum Ausdruck kommen, was vor der Wirklichkeit des Lebens und des Alltags nicht Bestand hat. Und dennoch kann bei dieser Erfahrung auch ein wichtiger

Wachstumsschritt in der persönlichen Entwicklung statt-finden. Eine neue Welt, neue Erfahrungen eröffnen sich, oder das Leben wird um eine wunderschöne Erfahrungs- und Seinsweise bereichert. Du bist in diesem Augenblick und in dieser Phase deines Lebens zunächst überwältigt von dieser neuen Erfahrung, von dem, was jetzt aus dir an Wollen und Sehnen herausbricht. Du darfst den Himmel auf Erden, die Süße und Wonne des Lebens kosten. Du darfst in seligen Gefühlen baden, in der Erfahrung körper-licher und seelischer Nähe und Zärtlichkeit aufgehen.

Diese Erfahrung zuzulassen ist das eine. Das andere ist, dass diese Erfahrungen nicht das ganze Leben ausmachen. Es sind Erfahrungen, die dich in deinem Wachstums- und Verwandlungsprozess weiter voran bringen wollen. Für den jungen Priester muss das nicht heißen, seinen Beruf auf-zugeben. Ist seine Berufung stark in ihm verankert, kann sie durch diese Erfahrung bestärkt werden. Er wird dann Wege finden, auch als ehelos Lebender sein Leben dadurch zu bereichern und davon befruchten zu lassen.

Eine ganz starke Triebfeder beim Verlieben ist auch die Sehnsucht, unser Alleinsein zu überwinden. Wir möchten unser Leben mit einem anderen Menschen, den wir lieben, teilen. Wir möchten, dass es in unserem Leben wenigstens einen Menschen gibt, der für uns der wichtigste Mensch ist und dem wir am meisten bedeuten. Wir möchten in der Begegnung mit diesem Menschen uns erweitern, uns ge-genseitig bereichern. Die Überwindung von Langeweile, eine Selbstaufwertung oder auch andere Gründe mögen dabei eine Rolle spielen. Sie stehen aber nicht im Vorder-grund. Es ist dieses Wunder, das immer wieder geschieht, wenn sich aus der Masse der Menschen zwei Menschen finden, die voneinander angezogen werden. Sie möchten zusammen kommen und zusammen sein, um eine neue Qualität von Zusammensein, Austausch, Nähe und Gemein-schaft zu erfahren. Diese neue Erfahrung von Zusammensein kann nicht von den Eltern oder Kameradinnen und Freunden geschenkt werden. Sie kann nur von der dazu Erwählten vermittelt werden, jener, die mich zutiefst anrührt. Die eine Seite in mir erweckt, die sich durch sie angesprochen fühlt und danach verlangt, erfüllt zu werden. Es ist auch eine unerlöste Seite in uns, die „nur" durch die Begegnung mit dem anderen Geschlecht erlöst werden kann. Es ist die tiefe Sehnsucht in uns, ganz zu werden und zu sein. Das werden wir, so hoffen wir, wenn unser Erfahrungshorizont um die innige Begegnung mit dem Weiblichen bzw. als Frau mit dem Männlichen erweitert wird.

Im Verlieben meldet sich auch *Anima* bzw. *Animus* in dir. Das ist die Seite in dir, von der ich vorher sagte, dass sie sich durch den geliebten Menschen angesprochen fühlt. Sie wartet auf diesen Augenblick, um auf sich aufmerksam zu machen. Im Verliebtsein spürst du diese sehnsuchtsvolle, unerlöste Seite in dir. Sie will, dass du dich innerlich weitest und streckst und dabei auch deine weibliche bzw. männliche Seite entdeckst und zulässt.

Bei den Menschen, die sich nicht vom anderen, sondern vom gleichen Geschlecht angesprochen fühlen, geht es um den gleichen Prozess. Sie erleben das Verlieben genauso intensiv. Ein Beispiel dafür ist Thomas Mann der sich mit 75 Jahren noch einmal so richtig in den etwa 25-jährigen Franzl verliebt. Er schreibt darüber:

„Das Gefühl für den Jungen geht recht tief. Denke beständig an ihn und versuche, Begegnungen herbeizuführen… Seine Augen sind garzu hübsch, seine Stimme garzu einschmeichelnd, und obgleich mein Begehren nicht weit geht, sind doch meine Freude, Zärtlichkeit, Verliebtheit enthusiastisch und untergründen den ganzen Tag… Noch einmal also dies, noch einmal die Liebe, das Ergriffensein von einem Menschen, das tiefe Trachten nach ihm – seit 25 Jahren war es nicht mehr da und sollte mir noch einmal ge-

schehen... Durchtränkt und überschattet alles von entbeh-
render Trauer um den Erreger, Schmerz, Liebe, nervöse Er-
wartung, stündliche Träumereien, Zerstreutheit und Leiden...
Weltruhm ist mir nichtig genug aber wie gar kein Gewicht hat
er mehr gegen ein Lächeln von ihm, den Blick seiner Au-
gen, die Weichheit seiner Stimme!... Schlief ein im Gedan-
ken an den Liebling wie ich im Gedanken an ihn erwachte.
'Da wir noch von Liebe litten'. Man tut es noch mit 75. Noch
einmal, noch einmal! Wie ganz ist es das Alte mit seinem
Kummer und seinen Aufhellungen. (in: Kurzke 2000, 566ff)

Man spürt, wie bei dieser Erfahrung der Verliebte ganz tief
in sich, in seiner Seele angesprochen wird. Sie werden dabei ganz tief in sich, in ihrer Seele angesprochen. Die zarte,
weiche, sensible Seite in ihnen regt und entfaltet sich dabei.
Die Frage *Warum empfinde ich so?* steht nicht länger im Vordergrund. Es geschieht einfach etwas, was über sie kommt
und sie mit sich davonträgt. Das Verlieben kann auch ein
wichtiges Erkennungszeichen dafür sein, dass jene Menschen in ihren Gefühlen und ihrer Zuneigung gleichge-
schlechtlich ausgerichtet sind. Lassen sie dieses Verliebtsein zu, erfahren auch sie die Verwandlung, die jenen zu-
teil wird, die sich vom anderen Geschlecht angezogen fühlen.

„Sich verlieren, um sich in der Begegnung von Körper und
Seele wieder zu finden", das sei die Aufgabe von Liebenden, die liebesfähig werden wollen, hatte ich einmal gelesen. Ja, ich wollte mich in sie hinein verlieren. Sie hatte
mich angezogen wie ein Bild, das, wenn ich es betrachte,
mich immer mehr in sich hineinzieht, bis ich mich für einen Augenblick in dieses Bild hinein verliere. Es umfasst
mich für einen Augenblick, ich bin wie entrückt und kann
für einen Augenblick nicht länger unterscheiden, was ich

bin und was du bist, um schließlich wieder bereichert durch diese Erfahrung zu mir zurückzukehren.

Im Verlieben ist das sexuelle Begehren in der Regel eine starke Komponente. Wir wollen den Menschen, in den wir uns verliebt haben, berühren, mit unseren Küssen überschütten. Wir wollen ihn erkosten, ertasten, erspüren. Wir möchten ihm ganz nahe sein, uns im sexuellen Zusammensein miteinander verbinden, für einige Augenblicke, ach, was sage ich, für immer, eins sein. Wir wollen im Liebesspiel, im ekstatischen Erleben unser Sein, unser Leben tanzen und feiern. Unser Verlangen nach Zärtlichkeit, nach Entspannung, nach Lusterfahrung wollen in der intimen, sexuellen Begegnung gestillt und erfüllt werden. Das sexuelle Verlangen in uns ist wichtig. Es bedarf einer so gewaltigen Kraft, um uns aus der Reserve und Trägheit herauszureißen. Es bedarf dazu eines Anreizes. Es geht dabei um die Erfahrung von Lust, das Genießen totaler Entspannung, das Erahnen von Seligkeit. Zugleich kommt es auf der seelischen Ebene zu Erfahrungen, die uns noch mehr mit uns selbst in Berührung bringen. Das gilt in besonderer Weise in unseren jungen Jahren, wenn wir uns zum ersten Mal so richtig über beide Ohren verlieben, wenn unser Verliebtsein auf Gegenliebe stößt und die Verliebten sich auch sexuell begegnen.

Die verwandelnde Kraft des Verliebens kommt am stärksten zur Wirkung, wenn die damit einhergehenden Erfahrungen nicht bei der körperlich-sexuellen Begegnung stehen bleiben, so sehr diese Erfahrung für sich wunderbar und schön sein kann. Esther Spector Person (1990, 62) meint:

Die sinnliche (oder sexuelle) Liebe gründet… auf der – oft kurzlebigen – leidenschaftlichen Angezogenheit, die als

Drang erlebt wird, die andere Person sexuell in Besitz zu nehmen… In ihrer intensivsten Phase ist die sexuelle Leidenschaft ein schier unersättlicher physischer Hunger nach dem Anderen, die Fixierung aller erotischen Wünsche auf eine Person… Die begehrte Person wird nicht selten für den Liebenden zu einer regelrechten physischen und psychischen Obsession…Es ist vor allem ihr sexuelles Selbst, das ihn interessiert…Und genau das ist der Unterschied zwischen sinnlicher Begierde und leidenschaftlicher Liebe: Im ersteren Fall geht es ausschließlich um die sexuelle Inbesitznahme, im zweiten richten sich die Wünsche auf das Erfahren und zärtliche Annehmen des Anderen als Körper und Seele.

Das Verlieben will dich aufbrechen. Es will auch im sexuellen Erfahren dich aufbrechen, tiefere, weichere, zärtlichere Schichten in dir freilegen. Sex kannst du auch mit jemandem haben, den du nicht liebst. Dich in und mit deiner Sexualität in der innigsten Verbindung mit der geliebten Person zu spüren, ist etwas anderes. Jetzt soll die Sexualität, die sexuelle Begegnung dich auch mehr mit deinem eigentlichen Selbst, deinem Inneren vertraut machen. Du sollst dadurch dich besser kennen lernen, dich tiefer erfahren. In der hebräischen Sprache gibt es dafür das Wort *jadah*. Es heißt in die deutsche Sprache übertragen unter anderem innewerden, wahrnehmen, durch Erfahren erleben, durch Reflexion und Wahrnehmung erkennen, kennen lernen, mit jemandem intim verkehren. Genau darum geht es im Verlieben: des anderen inne werden, ihn durch Erleben erfahren, ihn zu fühlen bekommen, etwas, was man nicht sehen, sondern nur erfahren kann, durch die innige Begegnung mit einem anderen Menschen zu erfahren. Es ist ein ganzheitliches Erkennen, das, wenn du offen dafür bist, Seele und Leib miteinander verbindet. Deine Seele will jedenfalls beteiligt sein, will die ihr verwandelnde Kraft zur Verfügung stellen.

In der zärtlichen Begegnung, im totalen Offensein füreinander, wenn uns nichts mehr zurückhält, unsere Leidenschaft füreinander zuzulassen, werde ich mit dem Anderen und zugleich mit mir selbst vertrauter. Ich *erkenne* die andere Person und darin und dabei zugleich mich. Ich komme mit dem Geheimnisvollen in ihr und in mir in Berührung. Und das nicht durch Nachdenken, Analysieren und Grübeln. Das Erkennen durch die intime Begegnung geht tiefer. Es verlangt nicht weniger als die Andere zu lieben – mit meinem Leib und meiner Seele. So ist mit dem Verlieben – zumindest kann es sich so verhalten – ein Sichkennenlernen verbunden. Es ist eine Zeit, in der du dich selbst entdeckst, eine Zeit der Selbst-Erfahrung. Wie sonst kaum mehr in deinem Leben gewinnst du einen Einblick in dein Selbst. Du darfst für eine kurze Zeit einen Blick in deine Schatzkammer werfen. Du darfst für einen Moment den göttlichen Kern in dir spüren. Deine Seele öffnet sich für die Zeit des Verliebens einen Spalt weit, um sich dann wieder zu schließen. Das, was du in dieser Zeit erfahren darfst, wird weiter wirken, verwandelt und verändert dich. Du hast etwas geschaut, gespürt, erfahren, das etwas mit dir „gemacht" hat. Esther Spector Person (1990, 70) sagt dazu:

In den Armen der geliebten Person fühlt der Liebende, wie sich seine Welt über ihre bisherigen Grenzen hinaus ausdehnt, und sein ganzes Leben gewinnt eine neue Intensität. Die Erregung transformiert – und bannt – alles Triviale, lädt jeden Augenblick mit Bedeutung auf, versetzt den Körper in einen Zustand der Verzückung und macht die Seele weit. Liebe bewirkt eine von innen kommende Hochstimmung – das Gefühl, dass der wahre, lebendigste und energiereichste Kern des eigenen Selbst, nachdem er lange vor sich hingeschlummert hat, endlich erwacht ist.

Wie wirkt das, was ich bis jetzt über das Verlieben und die verwandelnde Kraft des Sich-Verliebens erzählt habe, auf dich? Ich versuche dich mir vorzustellen. Bist du um die 20, mag so manches, was ich gesagt habe, für dich als zu kompliziert, zu sehr „drum herum" formuliert erscheinen. Ich habe vor einigen Tagen den Film „Crazy" gesehen, in dem es auch um die ersten sexuellen Erfahrungen von Jugendlichen ging. Die Sprache dieser Jugendlichen beherrsche ich nicht, vor allem dann nicht, wenn es um Sex geht. Bei diesem Film wurde aber auf der anderen Seite auch deutlich, dass wir im Verlieben „neue Kontinente" in uns selbst entdecken, die dabei freigelegt werden. Die sexuelle Erfahrung ist dabei wichtig, neben anderen wichtigen Erfahrungen.

Bist du erwachsen, vielleicht schon über 50, magst du mit etwas größerer innerer Distanz auf meine Erzählungen reagieren. Vielleicht ist es schon sehr lange her, seit du dich das letzte Mal so richtig verliebt hast. Dann mag dich das, was ich dazu sage, weniger ansprechen. Doch vergiss nicht, auch mit fünfzig kann es dich noch einmal so richtig erwischen. In diesem Alter wird das Sichverlieben für dich etwas anderes bedeuten als im Jugendalter oder als junger Erwachsener. Es wird aber immer etwas sein, das dich herausfordert, dich grund-sätzlich berührt, zu deiner Lebendigkeit beitragen möchte.

Solltest du ehelos leben, als Ordensfrau, Priester oder auch aus nicht religiös motivierten Gründen – ja, wie magst du dann auf meine Ausführungen reagieren? Wie jeder andere auch? Die Tatsache, dass du ehelos lebst, schließt nicht aus, dass du dich verliebst bzw. verlieben kannst. Ich bin jedenfalls unzähligen Männern und Frauen begegnet, die ehelos leben oder planen, ehelos zu leben und die sich irgendwann in ihrem Leben verliebt haben. Auch glaube ich, dass für sie die Erfahrungen, die mit dem Verlieben einhergehen, genauso wichtig sind wie für jene, die nicht ehelos leben oder nicht ehelos leben wollen. Für sie kann es nicht das Ziel sein, sich nicht zu verlieben, ganz abgesehen davon, dass sich das ja nicht so einfach vermeiden lässt. Wen der Blitz des Verliebens trifft, den trifft er. Er fragt nicht, ob jener oder jene das will oder nicht will. Das Verlieben ist etwas Archaisches, gehört also grundsätzlich zu unserer menschlich-seelischen Ausstattung.

Ich denke zum Beispiel an den 51 jährigen geistlichen Schriftsteller und Mönch Thomas Merton, der sich bei einem Krankenhausaufenthalt in die fast dreißig Jahre jüngere Krankenschwester M. verliebt. Thomas Merton hatte sich von diesem Augenblick an nicht mehr im Griff. Immer wieder versuchte er mit M. Kontakt aufzunehmen. Er war verrückt nach ihr. Er war sich der großen Spannung bewusst, in der er sich befand: Hier sein Klosterleben und seine Gelübde, dort sein Brennen und Verlangen nach ihr. Er warf die Klosterregel über den Haufen, ließ sich Notlösungen einfallen, um sie zu sehen, sie zu sprechen oder Briefe mit ihr auszutauschen. Er war innerlich total aufgewühlt, verzehrte sich fast vor Sehnsucht nach ihr. Etwas war in ihm losgetreten worden, was er nicht mehr unter Kontrolle brachte. Es war etwas, mit dem er nicht gerechnet hatte, das er so bei sich nicht kannte und dem er nicht gewachsen war. Es war von solcher Kraft, dass es ihn regelrecht aufriss. Es musste wohl auch so gewaltig sein, um ihn zu weiten, um seiner Sehnsucht nach Verstehen, Annahme, Liebe Raum zu schaffen. Diese hatte er bis jetzt durch Einsamkeit, Disziplin, durch sein Schreiben und – bei aller Zurückgezogenheit – Umtriebigkeit vernachlässigt und zugedeckt. Durch die Begegnung mit M. wurde diese Sehnsucht, die tief in ihm schlummerte, wachgerufen und angezogen. M. musste in sein Leben treten, um diese Sehnsucht zu wecken und ihr zum Durchbruch zu verhelfen. Sie war wie ein Magnet, der dieser Sehnsucht durch alle die Schichten hindurch, die sich darüber gelegt hatten, den Weg nach außen bahnte.

Für den Mann, die Frau, die ehelos leben oder vorhaben, ehelos zu leben, wird es gut sein, damit zu rechnen, dass sie sich verlieben. Auch für sie ist es wichtig, diese Erfahrung zuzulassen und für ihre persönliche seelische und psychische Entwicklung fruchtbar zu machen. Auch sie werden es nicht in der Hand haben, ob sie sich verlieben oder nicht. Doch wie sie damit umgehen, ist ihre Sache, zumindest können sie *darauf* Einfluss nehmen. Der Ehelose befindet sich in der gleichen Situation wie Menschen, die in einer festen Beziehung leben und sich dann in eine andere Person verlieben. Der Ehelose, der sich aus religiösen Gründen für ein Leben ohne sexuellen Partner entschieden hat, kann im Zulassen des Verliebens Erfahrungen machen und Wachstumsprozesse durchmachen, die für seine Beziehungsfähigkeit und für eine lebendige, intime Gottesbeziehung von allergrößter Bedeutung sein können.

Das Verlieben öffnet den Weg zum Du. Das Kreisen um mich selbst wird jetzt ergänzt um die Hinwendung zur anderen Person. Diese andere Person kann für mich auch zum Partner, auch zum Partner fürs Leben werden. Es gibt unzählige Beispiele dafür, wie aus dem Verlieben mit der Zeit Liebe geworden ist. In dieser Liebe wirkt auch das Verlieben noch nach. Diese Liebe wird dann aber nicht befrachtet und belastet mit *den* Erfahrungen im Verlieben, die den Partner letztlich auf Distanz halten, weil sie ihn mit einem Glanz umgeben, der vor der Wirklichkeit nicht Bestand hat. Das schließt aber nicht aus, den Partner weiterhin unbeirrt positiv zu sehen. „Selbst wenn sich die Diskrepanzen zwischen dem erträumten Geliebten und dem realen beim besten Willen nicht mehr verleugnen lassen, ist das kein Problem", folgert Jochen Paulus (1997, 34) aus

einer Studie über die Dauer des Liebesglücks. „Dann werden die Ansprüche eben etwas gesenkt – man lernt schließlich dazu –, und schon entspricht der wirkliche wieder dem Traumpartner." Mit zunehmender Dauer der Romanzen, zitiert er die Studie, „schufen sich die Einzelnen tatsächlich die Partner, die sie wahrnahmen, indem sie sie idealisierten; verwandelten die Frösche, als die diese sich sahen, in die von ihnen ersehnten Prinzen oder Prinzessinnen."
Ob du mir noch zuhören magst? Ich hatte mir ja vorgenommen, Geschichten über das Verlieben zu erzählen. Geschichten aber soll man so erzählen, dass sie selber Hilfe sind, heißt es in den Erzählungen der Chassidim. Als Beispiel dafür wird von einem Rabbi berichtet, der erzählte:

Mein Großvater war lahm. Einmal bat man ihn, eine Geschichte von seinem Lehrer zu erzählen. Da erzählte er, wie der heilige Baalschem beim Beten zu hüpfen und zu tanzen pflegte. Mein Grossvater stand und erzählte, und die Erzählung riss ihn so hin, dass er hüpfend und tanzend zeigen musste, wie der Meister es gemacht hatte. Von der Stunde an war er geheilt. So soll man Geschichten erzählen...

Ja, so müsste man Geschichten erzählen können. Ich will wenigstens versuchen, meine Geschichten vom Verlieben so weiter zu erzählen, dass du dich davon angesprochen fühlst und deine eigenen Erfahrungen dadurch wachgerufen werden, auch wenn sie mitunter ganz anderes waren.

Wenn alte Wunden aufbrechen

Jetzt sah sie, dass ein Mangel
an Selbstliebe sie dazu trieb,
blind nach der Liebe anderer zu schnappen,
Gefühle von ihnen zu borgen,
wie der Mond sein Licht von der Sonne borgt.

Nach Mary McCarthy

Die Zeit des Verliebens kann uns mit unseren bisher nicht genutzten Kräften in Berührung bringen, sie kann uns aber auch mit unseren tatsächlichen oder vermeintlichen Defiziten und Schwächen konfrontieren. So ist sie auch die Stunde des Selbstwertgefühles, das jetzt auf dem Prüfstand steht. Werde ich in den Augen der Angebeteten für liebenswert befunden? Habe ich bei ihr eine Chance? So wie ich aussehe, mit meinem Körper, meiner Nase, der Art und Weise, wie ich mich kleide? Und vor allem: Bin ich, so wie ich bin, liebenswert? Für manchen wird das die schwierigste Frage sein, die er sich stellt. Es wird von der Reaktion der Geliebten abhängen, wie er auf diese Frage antwortet. Die Entscheidung darüber wird in ihre Hand gelegt. Die Entscheidung für oder gegen mich wird dadurch mit etwas befrachtet, was grundsätzlich, existenziell mit mir zu tun hat. Man kann dann mit Shakespeare sagen *„Sein oder Nichtsein, das ist hier die Frage."* Sagt sie ja zu mir, *bin* ich, existiere ich, bin ich wertvoll und liebenswert. Sagt sie aber nein zu mir, höre ich auf zu existieren, bin ich ein Nichts, bedeutungslos, wertlos.

Die Auseinandersetzung mit dem Wert, den ich mir zuspreche, meiner Liebenswürdigkeit mag mit jedem Verlieben verbunden sein, und es ist wichtig, sich dieser Herausforderung zu stellen. Ich mag dabei feststellen, dass es mit meinem Selbstwert nicht weit her ist. Jetzt kann ich mir nichts mehr vormachen und muss mich dieser Wirklichkeit stellen. Manchmal ist es die eigene Leere und Glanzlosigkeit, die man in und für sich empfindet, die zur Triebfeder des Verliebens werden. Die Angebetete ist dann die Fülle, die meine Leere ausfüllen soll, oder die Sonne, die meiner Glanzlosigkeit Glanz verleiht. Sie und nur sie, so ist meine feste Überzeugung im Zustande des Verliebtseins, wird mir die ersehnte Erfüllung schenken, mich mit dem so sehr vermissten Glanz beglücken. Ich klammere mich an die Geliebte wie ein Ertrinkender. Ihr bleibt auf Dauer nichts anderes übrig, als von mir zu lassen, will sie nicht von meinen Erwartungen erdrückt werden. Es sind die Situationen, die in extremen Fällen dazu führen können, dass der Verliebte in seiner Verzweiflung nicht davor zurückschreckt, mit Selbstmord zu drohen, um die geliebte Person davon abzuhalten, ihn zu verlassen. Er erlebt in diesem Augenblick sein Dasein tatsächlich als bodenlos. *Sie* ist sein einziger Sinn und sein Boden. Sie ist alles, was er hat oder zu haben hofft. Ohne sie ist er nichts, ist sein Leben sinnlos und trostlos.

Jeder von uns bedarf der Bestärkung durch andere. Die Erfahrung, geliebt zu werden, dazu noch von einem Menschen, den ich selbst liebe, baut mich auf. Das tut einfach gut. Das gilt auch, wenn ich ohnehin schon ein gutes Selbstwertgefühl habe, wenn ich nicht die Bestärkung durch andere nötig habe, um mich gut und wohl zu fühlen. Diese zusätzliche Bestärkung kann ich genießen. Anders verhält es sich bei jenen, die über ein geringes Selbstwertgefühl verfügen und für die die Erwiderung ihrer Liebe entscheidet, ob sie sich für wertvoll und liebenswert erachten. Sie hoffen, durch die Erwiderung ihrer Liebe ihre eigene innere Leere überwinden zu können. Der Verliebte sieht dann oft nicht wirklich die geliebte Person. Er sieht nur sich, seine Sehnsucht, sein Verlangen, seine Hofffnung, jetzt endlich in seinem tiefsten Verlangen auf seine Kosten zu kommen. Ein verliebter Mensch konzentriert „sein ganzes Verlangen auf das eine Objekt seiner Leidenschaft. Er begehrt es mit Leib und Seele...Das kann dazu führen, dass die geliebte Person sich wehrt; sie spürt die verschlingende Intensität dieses Verlangens und fürchtet die Gefräßigkeit des Verliebten. Er versucht, von ihr Besitz zu ergreifen, sie ganz in Beschlag zu belegen, ohne Rücksicht darauf, was dies für sie bedeutet. Die geliebte Person ahnt, dass sie trotz der ehrfürchtigen Bewunderung, die der Verliebte ihr erweist, nichts anderes ist als Liebesfutter." (Person 1990,52)

Wird die geliebte Person als Retterin oder Erlöserin gesehen, kommt sie in die Rolle der Therapeutin. Das aber belastet die Beziehung. Die geliebte Person kann das gar nicht auf Dauer leisten. Die verwandelnde Kraft des Verliebens stößt in dieser Situation an ihre Grenzen. Sie soll etwas leisten, was sie letztlich nicht leisten kann. In ihrem Roman „Sie und die Anderen" beschreibt Mary McCarthy sehr eindrucksvoll die Dynamik, die bei einem solchen Verständnis von Liebe abläuft: „Jetzt sah sie zum ersten Mal ihre eigene Notlage, sah, dass ein Mangel an Selbstliebe sie dazu trieb, blind nach der Liebe anderer zu schnappen, in der Hoffnung, sich selbst auf dem Umweg über sie lieben zu lernen, Gefühle von ihnen borgen zu können, wie der Mond sein Licht borgt. Sie selbst war ein toter Planet." (in: Person 1990,65)

Ein Beispiel dafür ist Rudolf. Er ist verheiratet und hat sich im Alter von 41 Jahren in die zehn Jahre jüngere Petra verliebt. Seinem Tagebuch vertraute er an:

*Jetzt schleicht sich wieder die Sehnsucht an mich heran. Die
Sehnsucht nach Petra, ihrer Nähe. Das Verlangen von ihr
geliebt zu werden. Damit einher geht ein Anflug von Vergötterung. Von ihr geliebt zu werden, das gibt es nur ein
Mal. Das ist unüberbietbar. Verglichen damit ist alles andere bedeutungslos. Ich spüre den Wunsch, dass alles, was in
mir ausgedorrt ist, blühen möge, bewässert wird. Von ihr
erhoffe ich, dass sie dieses Unerfüllte, Traurige, Zu-kurz-
Gekommene, Vernachlässigte in mir ersetzt. Sie hat all das
wieder in mir wachgerufen aus dem Dunklen und Tiefen,
sodass ich es jetzt wieder spüre. Sie ruft in mir meine
Verlassenheitserfahrungen wach, die ich tief in mir einge-
graben habe. In der Begegnung mit ihr meldet sich wieder
meine unerlöste Seite, bricht meine Wunde der Verlassenheit neu auf. Zugleich meldet sich meine Angst, in meinem
Verlangen und meiner Sehnsucht nach Nähe, Annahme und
Sexualität zu kurz zu kommen. Sie erweckt meine bedürfti-
ge Seite, die hofft, durch sie Befriedigung und Erlösung zu
erlangen. Das macht sie so anziehend. Ganz unterschiedli-
che Gefühle streiten sich in mir. Da gibt es ganz starke sexuelle Wünsche, dann Wünsche nach dem mütterlichen Schoß,
die Sehnsucht nach Heilung und – ganz stark – das Gefühl
von Verlassenheit.*

Manche Psychologen sehen in der Tatsache, dass die Gedanken der verliebten Person fast ausschließlich um die
geliebte Person kreisen, etwas Krankhaftes (vgl. Tennov
1981, 249 f.). Leidet der Verliebte unter der Zurückwei-
sung der geliebten Person, sei das Ausdruck einer emotionalen Abhängigkeit. Das Verliebt-Sein an sich sei die Folge
eines in sich selbst festgestellten Mangels. Die Wahl des
Liebesobjekts hat nach Esther Specter Person (41f.) mit unserem eigenen Selbst zu tun. „Der geliebte Mensch ist die
geeignete Projektion von etwas, das in uns selbst ist… Oder

aber der geliebte Mensch hat etwas, was wir selbst nicht haben und uns unbewusst wünschen."

Rudolf spürt eine Leere in sich. Sie war, soweit er sich erinnern kann, sein ganzes Leben lang da. Er kannte viele Augenblicke oder auch längere Phasen in seinem Leben, in denen er sich bedrückt und depressiv erlebte. Als er sich verliebt, erlebt er die geliebte Person wie eine Sonne, die endlich Licht in sein Leben bringt. Diese Vorstellung umgarnt ihn mit den süßesten Verlockungen, nährt seine Hoffnung, mit dieser Frau endlich das so lang, und bisher ergebnislos, ersehnte Glück zu erlangen. Zugleich weiß er aber auch, dass er sich erwas vormacht und dass er alleine das Licht und den Glanz in sein Leben bringen kann, wonach er sich so sehr sehnt.

Petra wäre völlig überfordert gewesen, seinen Erlösungserwartungen auch nur annähernd nachzukommen. Die Strahlen ihrer Sonne hätten Rudolf für eine kurze Zeit Wärme und Licht geschenkt, doch das Feuer, das von innen kommt und von innen kommen muss, hätte es nicht ersetzen können. Dieses innere Feuer ist durch die Begegnung mit Petra in Rudolf entzündet worden. Es verfügte aber nicht über die Kraft, durch all die Ablagerungen der Vergangenheit hindurch sein Inneres, sein Empfinden und Fühlen zu beleben. Das Verlieben vermochte aber die verwandelnde Kraft in ihm in Bewegung zu setzen und einen Prozess auszulösen, der schließlich zu einer Auseinandersetzung mit traumatischen Erfahrungen der Kindheit führte, die die tiefere Ursache für sein Gefühl der Leere und Wertlosigkeit waren. Diese Erfahrungen musste er zuerst aufarbeiten.

Als Rudolf in dieser Zeit der Aufarbeitung seiner traumatischen Verlassenheitserfahrungen in Wien das Sigmund-Freud-Museum besucht und dort eine Abbildung der Gradiva, die eine reizvolle Römerin darstellt, erblickt, erinnert ihn diese sofort an Petra und all das, was in ihm ausgelöst worden ist, seitdem sie in sein Leben eintrat. In seinem Tagebuch schreibt er dazu:

Ich entdeckte sie gleich, als ich in der Berggasse 19 in Wien Freuds ehemaliges Behandlungszimmer betrat: die berühmte Gradiva, mit dem ihr eigenen schönen Gang, und dem steil gestellten Fuß. Sofort steht meine Gradiva vor mir. Ich spüre wieder all das Geröll, das aus mir herauskullert, den ganzen Schutt und die Ablagerungen, die in mir in Bewegung geraten sind, seitdem sie in mein Leben getreten ist. Da ist etwas in mir aufgebrochen und hat mit einem Mal diese dicke Schicht, die sich über mein Inneres gelegt hat, auf die Seite gedrängt, einfach durchstoßen. Seitdem spüre ich dieses schmerzvolle Sehnen. Ich spüre meine Einsamkeit. Die Menschen um mich herum kommen mir alle fremd vor. Ich selbst fühle mich entfremdet. Inmitten von Wien, von sprudelndem Leben umgeben, fühle ich mich alleine. Es ist ein tiefes Gefühl von Verlassenheit, das auf mir und in mir sitzt. Ich kann es nicht abschütteln, so gerne ich es wollte. Ich sehne mich nach ihr. Wenn ich bei ihr bin, so meine Hoffnung,, wird dieses schmerzvolle Gefühl verschwinden. Am liebsten möchte ich mich verkriechen. Am liebsten in ihrem Schoß. Für immer. Dann spüre ich nur noch diese Verlassenheit.

Durch die Begegnung mit der Gradiva ist Rudolf wieder mit seiner Wunde der Verlassenheit in Berührung gekommen. Sie ist erneut aufgebrochen und fängt wieder an zu bluten. Alte, verdrängte, zugeschüttete schmerzvolle Erfahrungen melden sich. Sie waren nicht verschwunden.
Stelle dir vor, du bist als kleines Kind von deiner Mutter verlassen worden oder hast immer wieder die Erfahrung machen müssen, dass du von Menschen, die dir wichtig waren, verlassen worden bist. Solche Erfahrungen hinterlassen tiefe Furchen der Angst in deiner Seele. Als Jugend-

licher oder angehender Erwachsener triffst du dann auf einen Menschen, von dem du dich stark angezogen fühlst. Alle deine Wünsche nach Geborgenheit und Liebe, die sich in deiner Kindheit nicht erfüllten oder die unterbrochen worden sind, melden sich wieder. Du spürst wieder die Bruchstellen, die den Bruch – so hast du ihn jedenfalls als Kind erlebt – zwischen dir und deiner Mutter oder einer anderen geliebten Person aus deiner Kindheit markieren. Du hast bis zur Zeit des Verliebtseins viele Weisen gefunden, mit deinen frühen Verwundungen zu leben. Du spürst sie zwar da und dort, doch eher als etwas, was sich in der Ferne abspielt. Sie wirken auf dich wie weit weggerückt und gut eingepackt, sodass du ihnen keine allzu große Aufmerksamkeit schenkst. In der Begegnung mit dem Menschen, auf den deine Liebe oder zumindest deine Hoffnung auf Liebe fällt, rührt sich deine unerfüllte, ungenährte Seite. Sie hat sich mit dem so frühen Verlust der Erfahrung von Geborgenheit und von Geliebtsein nie abgefunden. Jetzt bringt sie sich voll ein, bricht durch die Wunde durch, die es ihr erlaubt, in voller Schärfe an ihren Schmerz zu erinnern. In dem geliebten Menschen sieht sie ihre Chance, dass ihre Unerfülltheit erfüllt wird, sie endlich erlöst wird.

Wenn wir uns verlieben, mögen wir zunächst uns der Hoffnung hingeben, jetzt sei alles Leid zu Ende. Jetzt ist die Rettung, nach der ich mich so sehr gesehnt habe, endlich in Sicht. Für eine Weile scheint es tatsächlich so zu sein. Doch spätestens, wenn sich abzeichnet, dass unsere Gefühle für die auserwählte Person nicht erwidert werden oder – aus welchen Gründen auch immer – nicht gelebt werden können, kann es zu einem Ausbruch alter, nicht verarbeiteter Erfahrungen kommen. Eine frühe traumatische Erfahrung wird wieder belebt. Du durchlebst noch einmal die schrecklichen Erfahrungen von Verlassenheit, die du damals durchlitten hast. Das geschieht manchmal mit einer solchen Mächtigkeit und Heftigkeit, dass du es kaum aushalten kannst und du das Gefühl hast, von diesem furchtbaren Verlassensheitsgefühl beherrscht und gefangen gehalten zu werden.

Vielen ergeht es wie Rudolf. Sie tragen solche alten, nicht verarbeiteten Geschichten mit sich herum. Vielleicht auch du. Es muss dich daher nicht wundern, dass du, wenn du dich verliebst, mit alten Wunden, Verletzungen, Enttäuschungen, bis hin zu traumatischen Erlebnissen, wie im Falle von Rudolf, in Berührung kommst. Das ist auch darauf zurückzuführen, dass du im Verliebtsein dein Innerstes, deinen Kern spürst und dabei auch die Gefühle, die du in den schmerzvollen und schwierigen Situationen deines Lebens erfahren hast.

Die verwandelnde Kraft des Sich-Verliebens kommt zum Zuge, wenn der hinter dem Sich-Verlieben stehenden Kraft zum Durchbruch verholfen wird. Einmal will diese Kraft, dass du dich aufmachst und dich einer anderen Person zuwendest. Ein anderes Mal will sie dich an deine Lebendigkeit erinnern und dich auffordern, sie zu leben. Dann wieder konfrontiert sie dich mit deinen Schattenseiten, will, dass du dich ihnen stellst. Oder sie macht dich schonungslos auf Blockaden, Engstellen in dir aufmerksam. Sie deckt, wie bei Rudolf geschehen, alte Wunden auf, die du glaubst übergehen zu können.

Verwandlung ist etwas Dynamisches. Bevor aus der Raupe ein Schmetterling wird, muss die Haut platzen, die zu eng geworden ist. Es kostet Mühe, die Haut abzustreifen. Es erfordert Geduld. Es hat auch etwas Demütigendes an sich, am Boden herumzukriechen, hilflos dazuliegen. Nicht umsonst liegen beim Sichverlieben Liebesfreud und Liebesleid nebeneinander. Himmel und Hölle. Auferstehung und Tod. Wir werden dabei mit unseren elementarsten Schichten in Berührung gebracht. In diesen Erfahrungen begegnen wir uns selbst in dem, was uns wesentlich ausmacht, wenn wir uns wirklich auf sie einlassen: die Freude, das

Glück, die Ausgelassenheit und Seligkeit und die Trauer, den Schmerz, die Verzweiflung.

Als Rudolf von Petra erfahren hat, dass sie seine Liebe nicht erwidern kann, bricht er völlig zusammen. Es wiederholt sich in seinem Erleben, was er als Kind erfahren hat. Ein Gefühl totaler Einsamkeit und Verlassenheit überfällt ihn regelrecht. Mit aller Wucht drängen sich die alten, bislang vergrabenen Gefühle nach oben. Jetzt hält sie nichts mehr zurück. Der Damm ist gebrochen. Rudolf verfällt in eine Art Agonie. Er schreibt darüber:

Es war die finsterste Nacht meines Lebens. Es war die Nacht, in der ich den Tod als Erlösung herbeisehnte. Die Nacht unsäglicher Schmerzen. Es war die Nacht totaler Verzweiflung und Hoffnungslosigkeit. Es war die Nacht meines Gethsemane. Ich hatte nicht gewusst, dass es überhaupt so viel Trostlosigkeit geben konnte. Ich hatte noch nie in meinem Leben so etwas Intensives an Gefühlen erlebt. Es war kaum auszuhalten. Es war das Gefühl absoluter Verlorenheit, das sich in diesem Augenblick meiner bemächtigt hatte. Ich kannte mich nicht mehr. Ich kannte mich nicht länger aus. Wie zerschmettert lag ich am Boden und wollte dort am liebsten liegen bleiben. Todesangst überfiel mich.

Im Verlieben kann auch das Unbewusste zum Durchbruch kommen. Es findet darin eine Weise, sich ins Bewusstsein zu bringen. Das ist der wohl faszinierendste Vorgang im Prozess des Verliebens. Mit dem Durchbrechen des Unbewussten kann ein riesiges Kraft- und Heilungspotenzial einhergehen, das uns zunächst schier zu überwältigen scheint. Diese Kraft kann oft erst durch unsere seelischen Wunden, auf die wir im Verliebtsein gestoßen sind, aus dem Unbewussten ins Bewusste gelangen, um dann ihre heilende Dynamik zu entfalten.

Für Rudolf beginnt, nachdem er wieder mit seiner Wunde der Verlassenheit in Berührung gekommen ist, eine lange Zeit, die von vielen seelischen Turbulenzen gekennzeichnet ist, die zugleich aber auch für ihn zu einer Zeit der Heilung wird. Jetzt kann das an Heilung geschehen – auch mithilfe der Einsichten und Kräfte aus dem Unbewussten –, was bisher nicht geschehn konnte. In seinem Tagebuch setzt sich Rudolf damit auseinander. Er schreibt:

Es ist wie bei einer Krankheit. Sie heilt. Man muss ihr nur Zeit lassen. Zeit heilt Wunden. Wie wahr das ist, war mir bisher noch nie so klar gewesen. Schritt für Schritt, eher Millimeter für Millimeter bekomme ich Abstand zu der inneren Leere, die mein Herz umschlossen hatte und in mir Gefühle unstillbarer Sehnsucht und zugleich tiefster Verlassenheit auslöste, bis dahin, dass sich alles in mir wund anfühlte, und mein Herz zu einer großen Wunde geworden war. Jetzt wird mein Herz wieder frei. Ich vermag wieder mit der Wirklichkeit, mit den Menschen um mich herum, Kontakt aufzunehmen. Die Sehnsüchte weichen und verlieren ihre verrücktmachende Kraft. Die Gefühle von Verlassenheit lösen sich auf. Ich spüre noch eine kleine Wehmut. Es sind die Nachwehen meiner Sehnsucht, die geplatzt ist. Das tut weh. Aber es ist ein anderer Schmerz als der, den ich vorher erfahren habe. Da ist Traurigkeit und auch immer noch etwas Sehnsucht. Doch verglichen mit dem schreienden, scharfen Schmerz, dem ich bisher ausgesetzt war, ist es jetzt eher ein wohl tuender Schmerz, bei dem ich das Gefühl habe, dass er zu meiner Heilung beiträgt.

Ich bin in einer Ausstellung mit Bildern von Jean Monet. Vor dem Bild „Die Kathedrale von Rouen" bleibe ich fasziniert stehen. Ich kann mich nicht mehr davon trennen. Das Bild hält mich fest. Je länger ich es betrachte, desto mehr spüre ich, wie gut mir dieses Bild tut. Ich sauge es regelrecht in mich auf – oder besser noch – ich lasse mich von ihm aufsaugen. Es kommt mir vor wie ein großes Herz, das mich einlädt, alles, was mich belastet, loszulassen. Ich vertraue ihm alles an und spüre, wie ich mich zunehmend leicht fühle. Wie der dunkle, untere Teil des Bildes im oberen Teil ins Helle übergeht, so geht das Dunkle, noch Bedrückende in mir über in ein Gefühl von Zuversicht und Freude. Ich spüre, wie ich mich öffne, während ich das Bild betrachte. Mein Herz wird immer weiter. Ich weiß nicht, wie lange ich vor dem Bild stehen geblieben bin. Ich verguß die Welt um mich herum. Es gab nur „Die Kathedrale von Rouen", dieses einladende Herz und mich, mein Herz. In diesem Bild von Monet begegnete ich meinem eigenen Herzen.

Es ist gut, nicht länger zu schweben, zwischen Himmel und Erde hin- und hergerissen zu sein, wieder zur Ruhe zu kommen, zum Alltag und All-Täglichen zurückzukehren. So wichtig es war, aufgebrochen worden zu sein, und bisher Zurückgehaltenem zum Durchbruch zu verhelfen, Kräfte, die meinem Leben bisher vorenthalten wurden, zum Zuge kommen zu lassen. Ich spüre die Heilung. Das Eiter verlässt die nie richtig verheilte Wunde. Ein Gefühl von Befreiung und Erleichterung stellt sich ein. Die Erfahrungen, die sich tief in meine Seele eingeprägt haben, haben nicht länger die Macht über mich, die sie einst besaßen.

> „Ja, ich fühl' beglückte Triebe!
> Liebe
> Löst die Zauberei"

Das schreibt Goethe in „Lila". Ganz zaghaft spüre ich diese „beglückten" Triebe. Als Gegenkraft zu dem Gefühl der Verlassenheit. Sie wirken heilend auf meine Wunde. In mir ist etwas aufgebrochen. Ich bin in eine größere Tiefe in mir eingesunken. Ich spüre in mir eine andere Qualität. Wie wenn ein fruchtbarer, Leben spendender Humusboden in mir ist, von dem etwas ausgeht, was mir gut tut, mich wärmt. Überall in mir breitet sich eine leise Freude aus.

Einige Monate später besucht Rudolf die National Gallery of Art in Washington.Darüber schreibt er in seinem Tagebuch: Mehr durch Zufall – natürlich ist es kein Zufall – gelange ich in den Saal mit Bildern von Monet. Da ist sie wieder „Die Kathedrale von Rouen", Doch jetzt versetzt sie mich nicht mehr in Bann. Ich verweile nur für einen Augenblick und aus einiger Entfernung vor dem Bild. Es fängt nicht länger meine Stimmung ein. Ich habe nicht mehr die Aufrichtung und Aufhellung nötig, die damals von diesem Bild für mich ausging. Ich habe mich inzwischen selbst aufgerichtet, spüre und erfahre die Aufhellung in mir selbst. Je mehr ich mich mit meiner im Dunkeln liegenden Vergangenheit , ausgelöst durch die Begegnung mit Petra, auseinandersetzte, desto innerlich unabhängiger fühle ich mich gegenüber meiner Vergangenheit und gegenüber Petra. Es ist ein anderes Bild, das mich in der Sonderausstellung mit Bildern von Adolph Menzel anzieht: „Das Kircheninnere", gemalt zwischen 1852 bis 1855. Der Hochaltar einer barocken Kirche, ganz verhüllt – wie mit Weihrauch – ,davor kniende Menschen. Die Gottheit verhüllt, der brennende Dornbusch, aus dem Gott spricht, das Mysterium, das Numinose. Das alles entdecke ich auf diesem Bild. Dieses Kircheninnere repräsentiert eine Welt und eine Atmosphäre, die mir einerseits von Kindheit an vertraut ist. Zugleich verweist sie mich aber auch auf mein eigenes Inneres. So ist das Kircheninnere auch Ausdruck meines Inneren, meines eigenen Geheimnisses, meines Seins. Ich finde mich selbst in diesem Kircheninneren wieder. Da ist so viel Undurchschaubares, Unerklärbares in mir. Vieles, das auch gar nicht verstanden und erklärt werden muss, das geheimnisvoll bleiben darf und bleiben soll. Doch es tut mir gut, über dieses Bild mit dem Geheimnisvollen in mir in Berührung zu kommen. Für eine allzu lange Zeit bin ich an meinen traumatischen Kindheitserfahrungen und dann an Petra hängen geblieben, war ich in ihnen gefangen gehalten wie in einem Kerker, der mich mit Dunkelheit umhüllte und mir Angst machte. Die unerfüllte Sehnsucht des Kindes nach Liebe, die zu einem tiefen Schmerz, zu einem Gefühl der Verlassenheit geworden war, wurde endlich freigesetzt, der Weg nach innen, hin zu mir selbst freigelegt. In der Begegnung mit diesem Bild von Adolph Menzel darf ich die Erfahrung machen, endlich in mein Inneres vorgedrungen zu sein, bei mir selbst angekommen zu sein. Meine Erfahrungen von damals und meine Erfahrungen mit Petra haben sich dadurch nicht einfach aufgelöst. Sie sind aber in den Hintergrund getreten. Sie haben in dem Kircheninneren, in meinem Inneren, einen Platz gefunden. Bisher hatten sie allen Platz in mir beansprucht und dadurch den Blick auf das Eigentliche verstellt und den Durchbruch in die Tiefe verhindert.

Entzauberung – Zeit des Abschieds

Der Kuss der letzte, grausam süß zerschneidend
Ein herrliches Geflecht verschlungner Minnen
Mich treibt umher ein unbezwinglich Sehnen
Da bleibt kein Rath als gränzenlose Thraenen

Johann Wolfgang von Goethe

Ich sehe sie jetzt noch vor mir. Wir stehen auf dem Gang im Treppenhaus. Ich umarme sie kurz, gebe ihr einen letzten Kuss. Ich gehe die Treppe hinunter, ein letzter Blick hoch zu ihr. Wir sind beide traurig. Ich reiße mich zusammen, drehe mich um, laufe das letzte Stück der Treppe hinunter, eile zu meinem Auto und fahre los. Es ist aus. Endgültig zu Ende. Ich spüre in mir den Drang, jetzt einfach von hier weg zu kommen. Weg, weg, weg. Dann meldet sich in mir eine Stimme, die sagt, wie schön es wäre, bei ihr zu sein und zu bleiben. In mir ist Finsternis ausgebrochen. Ich kann es nicht glauben. Ich will es nicht glauben. Bis zum Schluss hatte ich gehofft, dass wir beisammen bleiben können, wenn sich auch zunehmend Zweifel und böse Vorahnungen einschlichen. Jetzt ist das ganze Gebäude zusammengekracht, das wir verzweifelt versucht hatten aufrecht zu erhalten. Wir können uns nicht länger etwas vormachen. Und dann geschieht etwas Eigenartiges. Während ich mit dem Auto davon fahre, formt sich in mir zunächst ganz leise und zaghaft, dann aber immer lauter und klarer ein Halleluja-Ruf, getränkt mit Trauer und Freude. Zunächst erscheint mir das als absurd – ein Halleluja, inmitten meiner Verzweiflung und meines inneren Aufgewühltseins. Doch ich überlasse mich schließlich dem Gefühl, das aus der Tiefe in mir danach drängt, zugelassen zu werden. Es ist ein Halleluja, dem noch die Schwere der letzten Wochen anhaftet. Wochen, die von Unsicherheit gekennzeichnet waren. Und es ist die Schwere des Augenblicks, des Abschieds, die daran hängt. Zugleich ist dieses Halleluja aber auch von Erleichterung beseelt und beflügelt. Die Zeit der Unsicherheit, des ständigen Hin und Her, ob wir zusammen bleiben oder nicht, ist vorbei. Mitten drin in all der Trauer und Verzweiflung bahnt sich in mir eine Kraft ihren Weg, die offensichtlich diesen Moment der Entscheidung voller Sehnsucht erwartet hatte. Doch bald holen mich die Trauer und der Schmerz über den Verlust des Menschen, der mir so viel bedeutete und immer noch bedeutet, wieder ein.

Wie war das bei dir und für dich, als die Beziehung zu Ende ging, es aus war? Als dir oder deiner Geliebten klar war, dass ihr nicht zueinander passt? Was war geschehen? War das eine Entscheidung, die ihr von heute auf morgen getroffen hattet, die einseitig von einem von euch ausging, oder kristallisierte es sich immer mehr und deutlicher heraus, dass es nicht mehr geht miteinander? Wie konnte das passsieren – da noch Seligkeit, jetzt das bittere Ende? Wie hast du das bewältigt? Bist du einfach zur Tagesordnung übergegangen, oder hat es dich mitgenommen, ja mitunter zutiefst erschüttert und durcheinander gewirbelt? Was hat diese Erfahrung mit dir gemacht? Nichts? Hat sie dich bitter werden lassen? Hat sie dich verwundet? Hast du daraus den Schluss gezogen, dich nie wieder auf „so etwas" einzulassen? Oder hat diese Erfahrung des Endes dich noch offener dafür gemacht, dich auf das Verlieben einzulassen?

Ihr Kuss der letzte, grausam süss zerschneidend
Ein herrliches Geflecht verschlungner Minnen;
Nun eilt, es stockt der Fuss die Schwelle meidend,
Als trieb ein Cherub flammend ihn von hinnen,
Das Auge starrt auf düstrem Pfad verdrossen,
Es blickt zurück, die Pforte steht verschlossen.

Nun bin ich fern! Der jetzigen Minute
Was ziemt denn der? Ich wüsst es nicht zu sagen:
Sie bietet mir zum Schoenen manches Gute,
Das lastet nur, ich muss mich ihm entschlagen.
Mich treibt umher ein unbezwinglich Sehnen,
Da bleibt kein Rath als graenzenlose Thraenen.

Das schreibt Goethe, um seinen Schmerz auszudrücken, den er empfand, als klar war, dass seine Liebe zu Ulrike von Levetzow unerwidert bleibt. Ich kann das nicht so kraftvoll ausdrücken wie Goethe. Diese Verse aus Goethes Marienbader Elegie geben aber sehr treffend meine innere Stimmung von damals wieder. Ein unbezwingliches Sehnen nach ihr war über mich gekommen. Noch nie zuvor in meinem Leben hatte ein Mensch ein so großes Sehnen, Verlangen, so viel Leidenschaft in mir geweckt. Als sie mich nach meiner Liebeserklärung so stürmisch mit ihren Küssen überfallen und beglückt hatte, war diese Sehnsucht nach ihr bei mir nicht mehr zu bremsen gewesen, ja sie nahm noch zu. Sie nahm mich voll in Besitz und beherrschte mich.

„Des Nachts auf meinem Lager suchte ich, den meine Seele liebt. Ich suchte, aber ich fand ihn nicht."
Diese Worte aus dem Hohen Lied geben meine Stimmung wieder. Wie sehr ich mich nach ihr sehne. Ich liege wach. Ich denke an ihre Küsse, die ich noch spüre. Alles in mir ist geöffnet, geweitet auf sie hin und für sie. Ich sehne mich

nach ihr. Fast verbrenne ich an dieser Sehnsucht nach ihr. Wie schön, nein, wie einfach wunderbar und himmlisch wäre es, wäre sie jetzt bei mir. Meine Seele verzehrt sich in ihrem Verlangen nach ihr. „Deine Lippen sind wie eine scharlachfarbene Schnur, und dein Mund ist lieblich." Ich darf gar nicht daran denken, weil es mir fast das Herz bricht, deine Lippen nicht kosten und schmecken, dich nicht mit Küssen benetzen zu können.

Solche Erfahrungen gescheiterter Liebe oder besser gescheiterten Verliebtseins dringen tief in uns ein, bis in unser Unbewusstes. Sie beeinflussen ganz entscheidend unser Leben. Als die Schriftstellerin Nelly Sachs 17 Jahre alt war, muss etwas Tiefgreifendes in ihrem Leben geschehen sein. Das lassen zumindest Andeutungen vermuten. Sie stehen in einem Zusammenhang mit einer Liebesgeschichte, die scheiterte bzw. nicht gelebt werden konnte. Dieses Ereignis hat ihr weiteres Leben und Schreiben nachhaltig geprägt. Von dem Schriftsteller Elias Cannetti stammt der Ausspruch: „Ein Schriftsteller, der keine immer offene Wunde hat, ist für mich keiner. Er mag es vorziehen, sie zu verbergen, wenn er aus Stolz kein Mitleid will, aber er muss sie haben."
Auch ich bin nicht erstaunt, in diesen Tagen, während ich diese Zeilen schreibe, im Traum meiner großen Liebe von damals zu begegnen. Sie ist in meinem Traum nicht länger vom Glanz des Verliebtseins umhüllt. Ich sehe sie in einer Alltagssituation. Das Brennen und Sehnen nach ihr, das Herzeleid und Liebesleid, das so sehr die Zeit nach der Trennung prägte, ist längst verklungen. Aber es gibt sie noch tief in mir, und ab und zu meldet sie sich.
Die Zeit des Abschieds, die Erfahrungen, die ich dabei durchlebe, ist eine wichtige Zeit. Ich werde damit konfrontiert, dass meine Vorstellungen von der großen, idealen Liebe vor der Wirklichkeit des Lebens nicht bestehen kön-

nen. Ich muss erkennen, mir etwas vorgemacht zu haben, und werde dazu gezwungen, meine Vorstellungen zu korrigieren. Ich muss akzeptieren, an die Grenzen meiner Möglichkeiten gestoßen zu sein. Ich bin gescheitert. Vieles in mir bricht in dieser Phase des Abschieds auf, und es ist nur verständlich, dass ich diese Zeit als sehr schmerzvoll erlebe. In der Verarbeitung des Schmerzes zeigt sich aber auch die verwandelnde Kraft, die den Prozess des Verliebens begleitet.

Da ist der Liebesschmerz, den ich aushalten muss. Dieser Schmerz mag mir bekannt sein von der Zeit, als ich hoffte, dass die Geliebte meine Gefühle erwiderte, ich mir aber noch unsicher war, ob sie das tun würde. Damals gab es die Hoffnung, die Aussicht, dass es doch noch gut geht. Jetzt ist es klar. Es ist aus. Auch wenn ich es noch nicht wahrhaben möchte und ich mich innerlich dagegen wehre, da und dort der Fantasie nachgehe, dass es doch nicht endgültig aus ist. Ich erinnere mich an die schönen Stunden und Gefühle. Das Trennende tritt in den Hintergrund. Meine Seele ist immer noch angefüllt von den seligen Augenblicken geschenkter Gemeinsamkeit. Das kann doch gar nicht sein, dass es zu Ende ist. Sie muss mich doch genauso vermissen, wie ich sie vermisse. Sie wird zurückkommen.

Johanna ist 45 Jahre alt. Vor sechs Wochen ging ihre Beziehung zu ihrem Freund zu Ende. Fast zwei Jahre lang hatte sie sich heimlich mit ihm getroffen, bis ihr Mann dahinter kam. Sie weiß, dass es aus ist, weiß, dass er nicht mehr zurückkommt. Und dennoch möchte sie nicht ausschließen, dass er wieder auftaucht, sie zumindest eine Form finden, die es ihnen ermöglicht, sich wieder zu treffen und zu sehen. Manchmal ist sie geradezu überwältigt von den Erfahrungen, die sie miteinander teilten. Sie kommen dann in ihre Seele zurück. Sie verzweifelt schier daran, dass das

Vergangenheit sein soll. Nie wieder wird sie, davon ist sie fest überzeugt, so etwas erleben. Sie weint, während sie das sagt. Doch auch, wenn sich alles in ihr dagegen sträubt, weiß sie, dass es aus ist und sie ihren Freund loslassen muss, will sie erlöst werden.

Jetzt musst du akzeptieren, dass die Beziehung endgültig zu Ende ist. Du musst den Schmerz aushalten, musst die schrecklichen Gefühle durchleiden, die sich einstellen, wenn du dir eingestehst, dass es aus ist, sie nicht mehr für dich da sein wird. Du bist wieder alleine. Das ist eine schwierige Zeit. Einmal wirst du glauben, es geschafft zu haben. Dann werden dich wieder die alten Sehnsuchtsgefühle einholen. Es ist ein Auf und Ab.

Ich spüre wieder das Brennen. Das innere Brennen, das wehtut. Es ist das Brennen vor Sehnsucht nach ihr, und es ist das Brennen des Liebesleides. Es ist das Brennen der Wunde, die die Trennung hinterlassen hat. Da ist etwas auseinander gerissen worden, was zusammen gewachsen war. Es ist, wie wenn man einen Teil von mir weggenommen, ja aus mir herausgerissen hätte. Etwas, was ich glaubte endlich gefunden zu haben, ist mir wieder weggenommen worden. Doch das Brennen ist nicht mehr so stark wie gleich nach der Trennung, als ich glaubte, daran zu verbrennen. Es ist jetzt eher auszuhalten. Auch spüre ich, dass dieses Brennen mich – wer weiß für wie lange – offen hält, sodass eine Kraft aus mir herausströmt. Ich spüre, wie ich weiter, lebendiger werde, wie ich mehr wage, einfach mehr ich selber bin. Ich mache die Erfahrung, das Brennen, die Sehnsucht, das Leiden aushalten zu können.

Das Aushalten der Sehnsucht, des inneren Brennens und Verlangens, das mit dem Abschiedsschmerz einhergeht, setzt nach einer Weile neue Kräfte in mir frei. Ich mache die Erfahrung, dass das Leben auch ohne die Geliebte weitergeht. Ich komme mehr mit mir, meinem Selbst, meinem Boden in Berührung. Im Zustand des Verliebtseins kann ich den Bezug zu meinem Boden leicht verlieren. Dann wird oft die geliebte Person zu meinem Boden, oder beide werden zu einem Boden, der mich, sie, uns trägt. Nach der Trennung bin ich auf mich selbst zurückgeworfen. Ich komme mir vor wie halbiert und bodenlos. Nur langsam komme ich mit *meinem* Selbst in Kontakt, zumindest mit dem Teil von ihm, der nach meinem Gefühl davon übrig geblieben ist. Halte ich meine schmerzvolle Situation durch, gehe ich durch sie hindurch, mache ich zunehmend die Erfahrung, dass von mir, von meinem Selbst mehr da ist, als ich dachte. Mein Selbst mag sich mit der Zeit sogar stärker als bisher bemerkbar machen, herausgefordert durch die Situation, die mir abnötigt, mich mir zu stellen und mit ihr zurechtzukommen. Ich komme mit einer Kraft in mir in Berührung, die ich bis zu diesem Zeitpunkt nicht kannte.

Durch das Verlieben wird diese Kraft in mir wachgerufen. Es handelt sich dabei um eine sehr vitale Seite von mir, die darauf wartet, entdeckt zu werden. Es bedarf der Macht des Verliebens, um dieser Kraft zum Durchbruch zu verhelfen. Sie verströmt sich zunächst in der Hinwendung zur geliebten Person. Darin kann sie sich total entfalten. Nach der Trennung scheint sie versiegt zu sein. Oder sie ist da, will leben, sich verwirklichen und austoben, fühlt sich aber wie abgeschnitten. Es fehlt ihr der Mensch, auf den sie ausgerichtet war. Auch das trägt zum Schmerz bei. Da will sich eine Seite in mir, die ich endlich entdeckt und in die Freiheit geführt habe, ausleben, kann es aber nicht mehr. Ich spüre, wie sie sich aufreibt. Vor allem aber spüre ich den Verlust einer Erlebnisweise, die mir Erfüllung, Seligkeit vermittelte, auf die ich jetzt verzichten muss. Doch diese Kraft bleibt mir erhalten. Sie lässt sich nicht einfach wieder einsperren. Sie wird für eine Weile frustriert. Dann wendet sie sich aber mir zu, stellt sich mir zur Verfügung. Sie bietet sich mir an, um in der Hinwendung zu mir selbst zur Stabilisierung und Bereicherung meines Lebens beizutragen.

Ich gleite langsam wieder in die Wirklichkeit über. Mein Gefangensein in der Fantasie, was sie denken mag, was sie will, wie es ihr geht, das ganze Sich-Verrückt-Machen um sie lässt nach. Ich muss mir jetzt einfach Zeit lassen. Ich traue mir das zu. Vermutlich wird es Nachwehen geben, werden die Fantasien und das Begehren sich wieder melden. Doch ich traue mir zu, mich davon nicht beirren zu lassen. Ich habe Distanz zu ihr gefunden, zu dem, was mich innerlich so sehr aufwühlte, mich hin und her riss. Ich bin mehr bei mir, wieder mehr mit mir in Berührung, in mir verankert. Die Seile, die mich bisher an sie festbanden, haben sich gelockert. Ich bin dabei und entschlossen, sie loszulassen. Ich brauche Abstand von ihr. Ich bin mit meinen Konturen in Kontakt gekommen. Das hilft mir sehr. Doch darf ich mir sicher sein, nicht wieder von ihr entflammt zu werden, von der wilden, zischenden Leidenschaft erfasst zu werden? Bereits jetzt spüre ich immer wieder die befürchteten Nachwehen, verbunden mit Gedanken an sie und die erfahrene und verkostete Nähe zu ihr. Ich spüre immer noch die Wunde des Abschieds, den Schmerz, nicht länger mit ihr erfahren zu dürfen, was so einzigartig und unersetzbar für mich war. Ganz tief in mir spüre ich aber auch, dass ich den eingeschlagenen Weg, diesen Schmerz auszuhalten und die Distanz zu ihr zu wahren, aushalten muss. Doch die Versuchung, das Verlangen, die Leidenschaft geben nicht auf. Sie bedrängen mich, erklären mich für verrückt, flüstern mir ein, sie nicht aufzugeben. Doch ich werde durchhalten. Ich vernehme in mir eine Klarheit und Radikalität, die ich bisher nicht kannte. Ich habe den Eindruck, eine neue Kraft ist mir zugewachsen. Ich spüre sie ganz deutlich. Sie durchströmt mich. Ich erlebe sie als gut, bestärkend, und wohl tuend. Etwas, das mich lebendiger macht. Bisher glaubte ich diese Lebendigkeit nur in der Begegnung mit ihr und von ihr zu bekommen. Jetzt spüre ich sie in mir. Die Triebe, die begannen, auf meinem Ackerboden Wurzeln zu treiben und zu sprießen, als ich sie kennen lernte, treiben weiter ihre Wurzeln und bahnen sich immer mehr ihren Weg nach oben. Zunächst erschien es so, als würden sie eingehen. Sie nähren sich auch jetzt noch zum Teil von den beglückenden Erfahrungen, als ich mit ihr zusammen war. Doch sie bekommen jetzt vor allem von mir selbst Nahrung. Das Wachsen geschieht langsam. Es ist mühselig. Aber es tut sich etwas. Ich spüre es. In mir vollzieht sich allmählich eine Verwandlung. Wäre ich jetzt wieder mit ihr zusammen, mein Ackerboden wäre im Nu überschwemmt von den Hochfluten der Leidenschaft. Alles in mir würde erblühen – für einen kurzen Augenblick. Wie in der Wüste nach einem Regenguss alles für einen kurzen Augenblick erblüht. Doch so schnell die Blütenpracht gekommen ist, so schnell verschwindet sie auch wieder. Der Zauber ist sehr schnell dahin. Um meinen Boden fruchtbar zu machen, bedarf es des Aushaltens. Ich muss mich mit kleinen Fortschritten zufrieden geben. Die Triebe in mir, die geweckt worden sind, wollen wachsen und sich ausdehnen. Etwas in mir drängt nach Vollendung. Ich muss ihm Zeit lassen. Wenn es so weit ist, zeigt es sich. Ich muss es reifen lassen, darauf vertrauen, dass es sich gemäß seinem Zeitmaß entfaltet und wächst.

Du musst diese Zeit des Aushaltens und des Schmerzes zulassen, wenn du nicht willst, dass die Erfahrung des Verliebens einfach verpufft, ohne Auswirkungen und Nachwirkungen bleibt. Diese Zeit ist die eigentliche Wachstumszeit. In ihr vollziehen sich tief in unserer Seele entscheidende Veränderungen, Korrekturen, Prozesse. Wir müssen nachsteuern, neue Einstellungen zum Leben und der Welt zulassen. Wir werden intensiver als sonst mit uns selbst, unseren Stärken und Schwächen, unseren Möglichkeiten und Begrenzungen konfrontiert. Wir müssen Abschied nehmen von so manchen Lieblingsvorstellungen oder auch Illusionen über das Leben und die Liebe. Wir müssen mitunter die alte Haut abstreifen, die uns daran hindert, uns zu strecken und uns zu verändern, um der, zu werden, die zu werden wir bestimmt sind. Das wird in der Regel mit Schmerzen verbunden sein. Es ist ein seelischer Schmerz, der von der Wunde her rührt, die die Trennung in uns hinterlassen hat. Dieser Schmerz zeugt davon, dass vieles in uns geschieht und sich verändert, wir uns in einer Phase des Übergangs befinden. Bis du so weit bist, bis du den Übergang von der Trennung über den Schmerz hin zur Verwandlung geschafft hast, kann viel Zeit vergehen. Du denkst, jetzt habe ich es geschafft, jetzt bin ich durch. Doch schon die nächste Stunde oder der nächste Tag belehrt dich eines Besseren. Die alte Sehnsucht holt dich wieder ein. Du spürst wieder den Schmerz über den Verlust des Menschen, der dir so nahe war, mit dem du so einzigartige und wunderbare Erfahrungen gemacht hast.

Ich falle wieder zurück. Doch ich weiß, ich kann den Weg beschreiten, der mich wegführt von ihr. Ich will dem Sog zu ihr nicht länger verfallen. Ich spüre, dass ich das schaffe, zugleich spüre ich die Kräfte und Strebungen in mir, die in mir toben und mich davon abhalten wollen, mich auch innerlich von ihr zu trennen. Doch ich entferne mich auch innerlich immer mehr von ihr. Damit einher geht, das spüre ich deutlich, ein Tiefgang, ein Einbrechen in meine Tiefe. Dieser Weg in die Tiefe ist begleitet von Traurigkeit und Schwere und von tief empfundener Freude und einem Gefühl der Erleichterung. Ich entdecke, wer ich bin, schon war, bevor sie mir begegnete, was alles außer ihr zu meinem Leben gehört. Es gibt auch eine Welt und ein Leben neben ihr, andere Menschen, die ich gern habe, mit denen ich gerne zusammmen bin und die mein Leben bereichern.

Die verwandelnde Kraft des Verliebens erdet dich. Sie konfrontiert dich mit der Realität. Auch vor dem Verlieben hast du dich sicher mit der Wirklichkeit des Lebens auseinander gesetzt. Doch deine Sichtweise von Leben mag bis dahin noch sehr von Erwartungen durchtränkt gewesen sein, die vor der Wirklichkeit des Lebens wenig Bestand haben. So gibt es den Himmel auf Erden nicht. Er ist uns auch nirgendswo versprochen worden. Es gibt himmlische Momente. Doch der Alltag ist in der Regel eher nüchtern und irdisch. Das magst du auch bereits gewusst haben, bevor du dich verliebt hast. Jetzt nach dem Verlieben glaubst du es aber vielleicht eher und bist bereiter, das zu akzeptieren. Auch magst du dem Alltag jetzt mehr als bisher etwas abzugewinnen, den Wert und den Reichtum, die in ihm stecken, eher zu würdigen. Was du bisher als wichtig erachtet hast, mag in den Hintergrund treten, andere Personen, Orte, Ereignisse treten dafür mehr in den Vordergrund. Du magst offener und empfänglicher für Erfahrungen sein, die bei dir Staunen und Ergriffensein auslösen. Aktivitäten, die du bisher vernachlässigt hast, erhalten für dich eine neue Bedeutung. Werte, die dir bis jetzt wichtig waren, wie Anerkennung und Erfolg, stehen nicht länger im Mittelpunkt. Neue Aktivitäten und Erfahrungen tauchen auf, die du vorher für unwichtig eingeschätzt hast. Sie erhalten für dich einen neuen Sinn. Ein Gang alleine durch den Wald kann dir helfen, mit einer tieferen Wirklichkeit in Berührung zu kommen (vgl. Tyrell 1994,15).

Lea hat sich in Petra verliebt, die zehn Jahre älter ist als sie. Für Lea ist es das erste Mal, dass sie sich in eine Frau verliebt. Bisher dachte sie, dass nur Männer sie ansprechen, wenngleich sie auch noch nie eine wirklich befriedigende Beziehung zu Männern hatte. In der Begegnung mit Petra wird eine Seite in ihr geweckt, die sie bisher nicht bei sich kannte, allenfalls ahnte. Die Hochfluten der Leidenschaft überschwemmen sie. Wie nie zuvor in ihrem Leben spürt sie ihre Sexualität. Sie begehrt Petra. Diese geht sehr einfühlsam, zugleich aber auch klar und sich abgrenzend mit Lea und ihren Gefühlen um. Lea kann das kaum aushalten. Sie will ihre Sehnsucht und ihre sexuelle Leidenschaft mit Petra ausleben. Sie ist total verwirrt. Diese Gefühle und die Intensität, mit der sie sie spürt, sind für sie neu. Sie zieht sich zurück, verfällt in Traurigkeit und Depression, als sie merkt, dass Petra nicht bereit ist, mehr zu geben. Doch dabei bleibt sie nicht stehen. Mit der Zeit wird ihr klar, Petra ist der Auslöser für die leidenschaftlichen Gefühle, die in ihr aufgebrochen sind. Die Lebendigkeit, die weitere Sicht von dem, was Leben bedeutet, die größere Bereitschaft, sich freie Zeit, Entspannung und Vergnügen zu gönnen, die sie zunehmend bei sich spürt und zulässt, haben nicht nur etwas mit Petra zu tun und können nicht nur im Zusammensein mit ihr gelebt werden. Etwas ist in ihr aufgebrochen, was bisher vor sich hinschlummerte und nicht leben durfte. Ihr wird bewusst, dass sie nicht länger nur einfach dahin leben möchte, sondern das Leben in Fülle leben möchte. Dazu gehören aber, so wird ihr klar, Freude und Trauer, Lust und Schmerz. Dazu gehört auch das Dunkle, das sie schon seit vielen Jahren begleitet, und zwar nicht weniger als das Helle, das sie jetzt so wohl tuend und befreiend durchströmt.

Wenn ich mich in eine Person verliebe, meine Liebe aber nicht erwidert wird, wird etwas in mir entbunden. Dieses Begehren kann aber nicht dort „landen", wo es hin möchte. Was habe ich davon, so mag ich mich fragen, wenn meine Liebe nicht erwidert wird? Bin ich jetzt nicht schlechter daran als zuvor, als ich diese Kraft und dieses Sehnen noch nicht kannte? Ich mag den Augenblick verfluchen, an dem ich mich verliebte, und resigniere oder gerate in die totale Verzweiflung wie Goethes Werther (1899), wenn er innerlich aufschreit:

Unglücklicher! Bist du nicht ein Tor? Betrügst du dich nicht selbst? Was soll diese tobende endlose Leidenschaft? Ich habe kein Gebet mehr als an sie; in meiner Einbildungskraft erscheint keine andere Gestalt als die ihrige, und alles in der Welt um mich her sehe ich nur im Verhältnisse mit ihr. Und das macht mir dann so manche glückliche Stunde – bis ich mich wieder von ihr losreißen muß! Ach Wilhelm! Wozu mich mein Herz oft drängt! – wenn ich bei ihr gesessen bin, zwei, drei Stunden, und mich an ihrer Gestalt, an ihrem Betragen, an dem himmlischen Ausdruck ihrer Worte geweidet habe, und nun nach und nach alle meine Sinnen aufgespannt werden, mir es düster vor den Augen wird, ich kaum noch höre, und es mich an die Gurgel faßt wie ein Meuchelmörder, dann mein Herz in wilden Schlägen den bedrängten Sinnen Luft zu machen sucht und ihre Verwirrung nur vermehrt – Wilhelm, ich weiß oft nicht, ob ich auf der Welt bin! und – wenn nicht manchmal die Wehmut das Übergewicht nimmt, und Lotte mir den elenden Trost erlaubt, auf ihrer Hand meine Beklemmung auszuweinen, – so muß ich fort, muß hinaus! und schweife dann weit im Feld umher, an den Berg zu klettern ist dann meine Freude, durch einen unwegsamen Wald einen Pfad durchzuarbeiten, durch die Hecken, die mich verletzen, durch die Dornen, die mich zerreißen!

Werther reibt sich in seinem Schmerz auf. Sein Schmerz führt ihn nicht weiter, weil er sich nicht von Lotte zu trennen vermag und *den* Schmerz zu durchleiden bereit ist, der mit dem Abschied einhergeht. Die Alternative besteht darin, den Schmerz, der durch den Abschied bei mir ausgelöst wird, anzunehmen und zu durchleiden. Dann nehme ich mit der Zeit auch meine Situation an, akzeptiere, dass meine Liebe nicht erwidert wurde oder gescheitert ist. Um – nach einer Weile – die Erfahrung zu machen, dass ich damit leben kann, die Welt deswegen nicht untergeht und für mich nicht untergegangen ist. Das Leben geht weiter. Auch für mich. Es bringt mit sich neue Möglichkeiten. Ich nehme wahr, wie sehr ich auf die geliebte Person fixiert war. Viele andere befriedigende und bereichernde Erfahrungen, Beziehungen und Unternehmungen vernachlässigte ich darüber. Im Zulassen des Schmerzes komme ich zugleich mit tieferen Schichten in mir, mit mir selbst in Berührung. Zurückgeworfen auf mich selbst, mag ich mit Verwunderung und Erstaunen feststellen: Es gibt ja noch mich. Ich lebe. Ein neues Gefühl von mir selbst, meinem Sein, mag sich in mir breit machen, eine neue Wertschätzung meiner selbst spürbar werden.

Das Beispiel von Lea erinnert mich an Sigmund Freud, für den jede psychoanalytische Behandlung den Versuch darstellt, verdrängte Liebe, die in einem Krankheitssymptom – im Falle von Lea in der Depression – einen kümmerlichen Kompromissausweg gefunden hat, zu befreien. Diese Symptome sind für ihn Ausdruck früherer Verdrängungskämpfe, die nur von einer neuen Hochflut der nämlichen Leidenschaften gelöst und weg geschwemmt werden können. Die Leidenschaft, die durch die Begegnung mit Petra in Lea geweckt wurde, vermochte den Damm zu brechen, der Lea bisher davon abhielt, ihre Vitalität zuzulassen. Es bedurfte der Macht des Sich-Verliebens und der mit ihr verbundenen Sprengkraft, um das bewerkstelligen zu können.

Inzwischen sind viele Wochen vergangen. Wochen der Verzweiflung, der Angst, verrückt zu werden, verrückt zu werden nach ihr. Es ist eigentlich alles noch zu frisch, um darüber zu reden. Die Wunden des Abschieds sind noch nicht geheilt. Doch die Heilung ist voll im Gange. Ganz ferne spüre ich noch etwas von der Wucht des Gewesenen. Doch weit mehr spüre ich mich im Augenblick. Gerade habe ich sie von weitem gesehen. Nur für einen Augenblick schien etwas von den alten Empfindungen für sie aufzuflammen. Aber die Flamme kam gar nicht richtig zum Zuge. Sie hat keine Kraft mehr. Ich kann sie mir innerlich gut vorstellen. Sie beherrscht mich nicht länger. Das ist wie eine Erlösung. Ich spüre in mir eine Wärme, die mich an die Wärme erinnert, die von Öfen ausgeht, die mit Holz beheizt werden. Nach dieser Wärme habe ich mich gesehnt. Eine Wärme, die ich in mir spüre.

Das Brennen ist verschwunden. Solange ich das Brennen spürte, konnte ich mir nicht vorstellen, dass es einmal auch wieder anders in mir aussehen würde. Ich fühle mich wohler als vor der Zeit des Verliebens. Ich fühle mich freier und leichter. Ich nehme in mir eine Entschiedenheit und einen Unternehmungseifer wahr, wie ich sie lange nicht, eigentlich bisher noch nie, bei mir erfahren habe. Ich muss an das Märchen von Schneewittchen denken. Darin lässt der Königssohn das tot geglaubte Schneewittchen von seinen Dienern auf den Schultern davontragen. „Da geschah es, dass sie über einen Strauch stolperten, und von dem Schütteln fuhr der giftige Apfelgrütz, den Schneewittchen abgebissen hatte, aus dem Hals. Und nicht lange, so öffnete es die Augen, hob den Deckel vom Sarg in die Höhe, richtete sich auf und war wieder lebendig." Etwas was mich bisher daran hinderte, ganz zu leben, ist beseitigt worden. Es bedurfte dazu des Verliebens und der Erfahrung, das, wonach ich mich sehne, kann mir von ihr nicht gegeben werden, kann von ihr nicht erfüllt werden. Neues macht sich in mir breit.

Du erdest dich. Das heißt, du vermagst tiefer zu sehen, wirst unabhängiger von äußeren Dingen und Menschen. Du steigst herab von dem Thron, auf den du dich gesetzt hast. Du verlässt das Märchenschloss, in das du dich in deinen Fantasien und Vorstellungen verschanzt hast. Alles das kann mit der Erfahrung des Verliebens und seinem Ende einhergehen. Solange du dich verliebst, solange bist du noch nicht „ganz". Das Verlieben wird damit zu einem lebenslangen Prozess, bei dem du immer wieder Verzauberung und Ernüchterung erfährst. Es handelt sich dabei aber nicht um einen sinnlosen Prozess, eine bloße Wiederholung, wie beim ständigen Abspulen eines Filmes. Bei jedem Ver-lieben und Ent-lieben verwandelst du dich, werden neue Seiten in dir wachgerufen, wird eine neue Quelle in dir angezapft und, wenn du offen bist für die Erfahrungen, die damit einhergehen, für dein Leben fruchtbar gemacht werden.

Läuterung und Verwandlung

*Wer fähig ist, das Feuer des Gefühls
und der Leidenschaft der Anima zu
ertragen, der wird durch die Begegnung
mit ihr geläutert und verwandelt.*

Nach Murray Stein

E s wird mir immer deutlicher. Das wonach ich mich
sehne, werde ich nicht bei ihr finden. Ich werde es
nicht finden, wenn sie mich in ihren Armen hält oder ich
mich in der Begegnung mit ihr von der Ekstase davontragen lasse. Ich mag für einen Moment, für einige Zeit den
Eindruck haben, dass ich habe, wonach ich mich sehne.
Doch schließlich würde es mir wieder entgleiten. Ganz
zaghaft spüre ich etwas in mir aufsteigen und heranreifen,
was sich gut, bestärkend und wohl wollend anfühlt. Wie
wenn etwas, was ich vorher in mir abwehrte, mir jetzt vertrauter und lieber wird. Etwas, was in mir als verdorrt,
unansehnlich erschien, lebendig und ansehnlich wird. Ja,
wie wenn ein Teil von mir, der bisher dunkel war und mich
nach unten zog, zu einem selbstverständlichen, mich nicht
länger belastenden Teil von mir geworden wäre. Da ist an
die Stelle der Schwere und Traurigkeit Leichtigkeit und ein
Anflug von Freude getreten. Es strömt etwas aus mir heraus, was mich lebendiger sein lässt. Etwas ist geplatzt, was
mich bisher davon abhielt, vorbehaltlos ja zu mir zu sagen, zu meinem Leib, zu meiner Sexualität, zu meinen Be-

72

dürfnissen. Von dieser Bejahung geht eine wohl tuende Kraft aus.

Was du im Verlieben in der Person, die du liebst, siehst, sind immer auch Aspekte, Seiten in dir, die in deinem Leben beachtet werden wollen. Es kann sich dabei um ganz neue Seiten und Tiefenschichten in dir handeln, es können aber auch Seiten von dir sein, die du schon kennst, im Laufe deines Lebens aber aus den Augen verloren hast. In der Begegnung mit der Person, in die du dich verliebt hast, scheint etwas davon auf. Unerfüllte Wünsche und Sehnsüchte, die deinem tiefsten Inneren entspringen, wählen sich die geliebte Person, um auf sich aufmerksam zu machen. Diese Person hat etwas an sich, was die unerfüllte Seite in dir in Schwingung versetzt. Es ist wichtig, dass dir dieser Vorgang bewusst ist oder zumindest mit der Zeit bewusst wird.

Man spricht hier von Projektion. Das ist ein Begriff aus der Tiefenpsychologie. Um was es dabei geht, beschreibt sehr anschaulich der Pastoralpsychologe Josef Goldbrunner (1966,144f.): „Das kleine Bild im Projektionsapparat wird an die Wand projiziert – und wer das zum ersten Mal sieht oder auch im Film immer wieder davon gefangen genommen wird, verfällt einer Illusion und unterscheidet zeitweise nicht mehr die Realität von Wand und projiziertem Bild. Genauso ist Projektion am Werk, wenn Eros eine ´Verliebtheit` verursacht. Die Verliebten sehen einander in einem Glanz, der ihre Wirklichkeit überstrahlt und verdeckt." Aus dem eigenen Inneren, dem Unbewussten wird auf den anderen das Bild vom idealen Partner projiziert. „Die Tiefenpsychologie nennt das auf den anderen hingeordnete Bild Anima (beim Mann) und Animus (bei der Frau)." (145) Animus und Anima sind „Bewohner" des unbewussten Seelenteils, Archetypen genannt. „Sobald ein Mensch in die Nähe kommt, der einen die Alltäglichkeit durchbrechenden Eindruck macht, weil etwas an ihm dem Archetyp entspricht, wird Anima (Animus) virulent und projiziert. Der, auf dem die Projektion liegt, ist gleichsam Träger eines Seelenteiles. Wenn er sich länger entfernt, ist es, als ob ein Teil seiner selbst mitgenommen würde." Die Projektion löst sich auf, wenn „einer von beiden durch irgendeine Handlung, auch durch die Banalität des Alltags, enttäuscht wird und der Zauber erlischt. Der andere fragt sich erwachend: War ich blind? Was habe ich denn eigentlich gesehen? Er (oder sie) ist ja ganz anders." (ebd.)

Was vorher ver-rückt und ent-rückt war, wird jetzt zurechtgerückt. Die Kräfte in mir, die bisher das Ver-rücken und Ent-rücken betrieben haben, sind erschlafft. Sie können mir nicht länger etwas vormachen. Was sie bisher entrückte, hat sich in Schall und Rauch aufgelöst. „Wie konnte ich nur so sehr davongetragen werden von ihr", frage ich mich."Das war so echt, so wirklich. Und jetzt soll alles vorbei sein?" „War das alles nur eine Fata Morgana? Bin ich einer Täuschung aufgesessen?" Auf alle Fälle war über einige Monate hin ein Gefühl in mir eingezogen, hat mich eine Sphäre beherrscht, die ich als sehr real erlebte.

Was der Verliebte gesehen hatte, war, so Josef Goldbrunner (145), „real, aber so wie eine Halluzination im Fieber". Dieses „Fieber" bekomme ich nicht unter Kontrolle, wenn ich mir vom Kopf her sage: Hier handelt es sich um eine Projektion. „Der Augenschein der projizierten Realität ist so gefangen nehmend und in den Sinnen so stark wirksam, das Bewusstsein durch eine Fülle angenehmster Empfindungen so überzeugend, dass nur eine gleichstarke Erfahrung weiterhelfen kann, nämlich der gegenläufige Mechanismus der Projektion, ihre Zurücknahme. Durch eine enttäuschende Handlung des Gegenübers vermag sich blitzartig, auf Zeit oder Dauer die Projektion aufzulösen und

den Blick für die Wirklichkeit des anderen freizugeben...
Sollte sich die Projektion wieder zeigen, beim gleichen oder
einem anderen Gegenüber, so ist sie jetzt doch verschie-
den. Etwas in der Seele ist nicht mehr drin im Geschehen,
etwas hat den Kopf über Wasser, es verhält sich reserviert.
Es ist die Ahnung von der Blindheit bei voller Identifikati-
on mit der Projektion. Nur nicht mehr hereinfallen, sondern sichtig bleiben für die Wirklichkeit, unterscheiden
können, was Glanz des Verliebtseins und was der andere
wirklich ist." (146f.)

Was geschieht, wenn das, was durch das Verlieben verrückt worden ist, wieder zurecht gerückt wird, verdeutlicht Josef Goldbrunner (148f.) mit einem Beispiel aus der
Natur: „Wie ein Talgewitter von oben aus gesehen nichts
von seiner Wucht verliert, aber der Beobachter darüber
steht, so empfindet sich die Psyche als Berg und Tal zugleich. Eros verursacht in der Projektion ein Talgewitter,
aber zugleich macht sich eine dirigierende Instanz bemerkbar, die darüber steht und deutlich unterschieden wird als
übergeordnet. Es ist dies eine neue `Höhe des Ich-Gefühls',
oder auch dem Ich gegenübertretend als geheimer Ratge-
ber..."

Sie ist so weit weggerückt. Ist das möglich? Es sind noch
keine zwei Wochen her, da glaubte ich, ihr nicht widerstehen zu können. Jetzt vermisse ich sie überhaupt nicht. Ich
denke ab und zu an sie. Ganz leise meldet sich dann ein
zartes Sehnen. Würde ich, wenn ich in ihrer Nähe wäre,
wieder von der Sphäre umfasst werden, die mich wie ein
Netz umfängt, das sich immer mehr zuzieht, sie unausweichlich mir näher bringt? Ich weiß es nicht. Ist nicht nur
der Bann gebrochen, dem ich mich kaum zu widersetzen
vermochte? Ist auch sonst jeder Zauber von ihr gewichen,
der sie so anziehend machte, meinen Eros anlockte und
berauschte? Ist sie für mich bereits zu einer normalen Frau

geworden, einer der unzähligen, die ich jeden Tag sehe und treffe und die mich einmal mehr, einmal weniger ansprechen oder anziehen, nicht aber dieses einzigartige, sehnsüchtig verlangende, mich aus der Fassung bringende Gefühl auslösen, das sie in mir wachgerufen hatte? Ich spüre deutlich, ihr nicht länger verfallen zu sein. Ich kann mich von ihr zurückziehen. Ich könnte zu ihr gehen und schauen, was mit mir dabei geschieht. Doch käme das nicht einem Spielen mit dem Feuer gleich? Ja, jetzt wäre es ein Spiel, bei dem ich es darauf ankommen ließe, ob sie in mir etwas entzündet, aus dem Flammen entstehen, die ich nicht mehr löschen kann.

Inmitten des Erfülltseins, zugleich aber auch Gefangenseins von Gefühlen, ganz absorbiert von der Sehnsucht nach der geliebten Person, gewinnst du zunehmend Terrain, das von diesen Gefühlen nicht beherrscht wird. Man mag das Vernunft, Weitsicht, Realitätssinn nennen. Es ist vor allem aber auch Erdung und In-Berührung-Kommen mit meinem Selbst, meiner Mitte, die mehr sind als das, was mich in dieser Phase meines Lebens zu bestimmen scheint. Verliebe ich mich wieder, weiß etwas in meiner Seele lebendig „von der Möglichkeit der Projektion und der Vermischung von Anima und Wirklichkeit und sucht bedächtig die Wirklichkeit des neuen Gegenüber von dem projizierten Glanz zu unterscheiden". (147) Je mehr mir dies durch die Erfahrung gelingt, wächst, so Josef Goldbrunner (147), „die Sichtigkeit für den anderen, wie er wirklich ist, und der Weg für ein echtes Zusammentreffen der beiden Menschen wird frei, d.h. aber, eine Begegnung wird möglich. Zwei Menschen reden dann wirklich miteinander, nicht durch Projektionen, Illusionen und Vorurteile getrennt oder verbunden…" Jetzt kann echte Begegnung stattfinden und Liebe beginnen. „Frühe Liebe ist, wenn man die Art und Weise liebt, die eine andere Person dich fühlen lässt. Reife Liebe ist, wenn du die andere Person so liebst wie sie ist." (Goulston 1993, 47)

Ich sehe sie innerlich vor mir. Wie sie wirklich ist. Zumindest tue ich das weit mehr als bisher. Ich kann es gut aushalten, sie mir vorzustellen. Ich kann zu ihr in Beziehung treten. Sie beherrscht mich nicht länger. Ich erfahre das wie eine Erlösung. Ich genieße das, was ich habe, kann das endlich wieder schätzen und glaube nicht länger, ja bin nicht länger geradezu besessen von der Vorstellung, nur mit ihr zufrieden und glücklich sein zu können. In seinem Faust schreibt Goethe:

„Was ich besitze, seh' ich wie im Weiten,
Und was verschwand, wird mir zu Wirklichkeiten."

Jetzt, nachdem mein Herz sich nicht länger „jenem Wahn geneigt" fühlt, sehe ich, was ich besaß, wieder ganz nahe – es verschwindet, was nie wirklich war. Endlich sehe ich sie, wie sie wirklich ist, ein Mensch, eine Frau, ansprechend, voller Reize, zugleich aber auch eine Frau, die unsicher und suchend ist. Ein Mensch, mit dem ich gerne immer wiederzusammen sein will, aber nicht für immer zusammen sein muss.

Irgendwann holt die Wirklichkeit die Verliebten ein. Der paradiesische Zustand wird durchbrochen, der Ekstase durch die Grenzen des Alltags immer öfter der Boden entzogen. Die Wirklichkeit und der Alltag haben dabei viele Gesichter. Es ist die geliebte Person selbst, deren Grenzen mit der Zeit nicht länger übersehen werden. Eingegangene Verpflichtungen, Treue gegenüber einem Partner, gesellschaftliche Rücksichten, die für eine Weile in den Hintergrund getreten sind, machen sich bemerkbar. Einmal als innerer Anruf, dann als Gewissensbisse oder äußerlich deutlich spürbare Grenzerfahrungen, insofern sie dich ständig an vorgegebene Grenzen erinnern und stoßen lassen. Sie werfen dich auf dich selbst zurück und zwingen dich, dich mit dir selbst auseinanderzusetzen. Du musst dich entscheiden. Du musst zu deiner Situation Stellung beziehen. Du darfst dein Leben nicht länger einfach einem Gefühl überlassen. Es geht nicht darum, dein Gefühl des Verliebtseins zu übergehen oder zu versuchen es auszuschalten. Es hat seinen Platz und seine Bedeutung bei deiner Entscheidung. Es soll aber eingebunden werden in deine Gesamtperson, zu der auch dein bewusstes Ich und vor allem dein Selbst und deine Seele gehören. Sie sind mal mehr, mal weniger beim Verlieben beteiligt und wollen berücksichtigt werden, wenn es darum geht, diese Erfahrung für deine Entwicklung und deinen Wachstumsprozess fruchtbar zu machen. „Es scheint…einer geheimen Absicht des Unbewussten zu entsprechen, solche Wirrnisse" – gemeint sind die „plötzlichen leidenschaftlichen, durch die Anima bewirkten Anziehungen" – „zu stiften, um die Persönlichkeit des Mannes (und natürlich auch entsprechend der Frau – Verf.) zu reifen und ihn zu zwingen, mehr von seiner inneren unbewussten Persönlichkeit zu integrieren." (von Franz 1968, 180)

Brigitta traf Franz-Josef bei einer Tagung. Franz-Josef, einige Jahre jünger als die 42-jährige Brigitta, telefonierte einige Male mit ihr nach diesem Treffen und lud sie schließlich zum Essen ein. Brigitta, seit 16 Jahren verheiratet, nahm die Einladung an. Das war der Anfang einer großen Liebe, die fast ein Jahr lang anhielt. Sie trafen sich heimlich. Ihr Mann weiß bis heute nichts davon. Für Brigitta war die Zeit mit Franz-Josef zunächst wunderbar. Sie ließ ihre Liebe einfach zu und hatte keine Schuldgefühle gegenüber ihrem Mann. So etwas hatte sie bisher in ihrem Leben noch nicht erlebt. Eine Seite in ihr wurde angesprochen und befriedigt, die sie bisher anscheinend nicht leben durfte. Sie spürte eine Lebendigkeit in sich, von der sie keine Ahnung gehabt hatte. Mit der Zeit war ihr aber auch klar, dass es so nicht weiter gehen konnte. Zunehmend irritierte sie, ständig doppelgleisig leben zu müssen. Sie fühlte sich immer weniger wohl in ihrer Haut. Das führte schließlich dazu, dass sie – unter Schmerzen – ihre heimliche Beziehung zu Franz-Josef aufgab. Sie können weiter miteinander reden, doch die Zeit des Verliebtseins, wie sie es nennt, ist vorbei. Jetzt sehe ich ihn so, wie er wirklich ist, sagt sie. Immer mehr war ihr auch die Verantwortung bewusst geworden, die sie gegenüber ihrem Mann und ihrem Kind hat. Ich habe ein neues Bewusstsein dafür bekommen, meint sie. Auch, was beide mir bedeuten. Mit Schrecken denkt sie daran, wie sie eng umschlungen mit Franz-Josef in einer benachbarten Stadt spazieren ging. Damals, als sie total in diesen Mann verliebt war, habe ihr das nichts ausgemacht. Jetzt würde sie das nicht mehr machen. Sie weiß nicht, wie es weitergehen wird mit ihrem Mann, der spürt, dass sich vieles bei ihr verändert hat. Die Lebendigkeit, zu der sie gefunden hat, seitdem sie Franz-Josef kennt, will sie jedenfalls nicht verlieren.

Brigitta ist auf dem Boden gelandet. Sie ist dabei, für sich ein Terrain zu finden, von dem aus sie in eine neue Beziehung zu ihrem Mann treten kann. Dabei kann sie auf die Erfahrungen mit Franz-Josef, die sie bereichert haben, zurückgreifen. Jetzt könnte sie auch eine echte Beziehung zu Franz-Josef aufnehmen. Doch nachdem der Zauber des Verliebens verflogen ist, zeigt sich klar, dass seine Lebensperspektive – er ist unverheiratet und will eine Familie mit eigenen Kindern – mit ihr nicht verwirklichbar ist. Das Verliebtsein hat sie verwandelt, sie ist mit ihrer Kreativität und Lebendigkeit in Berührung gekommen. Ihr ist bewusst geworden, dass die Intimität, das innige Verstehen in ihrer

Beziehung mit ihrem Mann zu kurz gekommen war. Mit Franz-Josef war das möglich, freilich unter außergewöhnlichen Umständen. Brigitta weiß, dass die selige Erfahrung mit Franz-Josef nicht endlos weitergegangen wäre. Auch meint sie, dass sie anders damit umgehen würde, falls sie sich nocheinmal verlieben würde. Sie spürt deutlich die dirigierende Instanz und Kraft in sich, die in voller Würdigung der gemachten Erfahrung sich zunehmend gegenüber der Bannkraft und Mächtigkeit des Verliebens zu behaupten versteht. Sie unterschätzt diese Macht nicht und schätzt ihre verwandelnde Fähigkeit. Sie überlässt aber nicht allein ihr das Feld, sondern versucht im Rückblick und in der Voraussicht herauszufinden, was das für sie zu bedeuten hat, welche Konsequenzen sie daraus ziehen muss.

Die Kraft in uns, die über den größeren Überblick verfügt, kristallisiert sich immer mehr heraus. Nicht von heute auf morgen. Es ist ein Hin und Her. Einmal gewinnt sie die Oberhand, dann scheint sie wieder von den anderen Kräften außer Kraft gesetzt zu werden. Doch wenn die ihr innewohnende Dynamik sich entfalten kann, wird sie immer mehr ihren Einflussbereich erweitern und ihren Stand festigen. Es ist die Seite in uns, die unter anderem für das bewusste Ich steht. Wenn du im Bann des Verliebtseins stehst, ist sie wie ausgeschaltet. Doch sie ist nur für eine Weile geblendet worden und erholt sich mit der Zeit. Sie erholt sich nicht nur, sie wird dadurch sogar gestärkt. Das Verlieben fordert das bewusste Ich heraus. Es muss, um sich behaupten zu können, noch stärker zur Entfaltung kommen, auch indem es sich bisher Unbewusstes bewusst macht – und genau dabei bietet sich das Verlieben als Hilfe an. So ist die Stärkung und Erweiterung des bewussten Ichs gleichsam ein Nebenprodukt des Wachstumsprozesses, der mit dem Sichverlieben einhergehen kann.

Sich mit der Anima auseinanderzusetzen ist spannend und faszinierend zugleich. Einer, der das meisterhaft getan hat, ist der Tiefenpsychologe Carl Gustav Jung. Was er dazu geschrieben hat, kann nur einer ins Wort bringen, der selbst Anima begegnet ist und dessen Leben ganz stark von Anima-Erfahrungen geprägt ist. Er und einige seiner Schüler kommen auch hier zu Wort. Ich selbst bin das erste Mal dem Begriff Anima in einer Weise, die mich innerlich angesprochen hat, in folgendem Text von Paul Claudel (1944, 99f.) begegnet:

Nicht alles klappt im Haushalt von Animus und Anima, von Verstand und Seele. Die Zeit ist lange her, bald waren die Flitterwochen zu Ende, in denen Anima das Recht hatte, ungeniert zu sagen, was sie dachte und Animus ihr entzückt zuhörte. War es nicht letzten Endes die Anima, die die Aussteuer mitgebracht und den Haushalt ins Laufen gebracht hatte? Aber Animus hatte sich nicht lange auf diesen subalternen Platz zurücksetzen lassen, und alsbald offenbarte er sein wahres Wesen: er war eingebildet, kleinlich und herrschsüchtig.
Anima ist eine ungebildete, dumme Gans, sie war nie auf einer Schule gewesen, während Animus einen Haufen Sachen weiß. Er hat einen Haufen Sachen in den Büchern gelesen; er hat sich zum Redner herangebildet – mit einem kleinen Kiesel im Mund –, und wenn er jetzt redet, redet er so gut, dass alle seine Freunde sagen, man könne nicht besser reden, als er redet. Man kann überhaupt nicht genug bekommen, ihm zuzuhören. Jetzt hat Anima nicht mehr das Recht, auch nur ein Wort zu sagen; er nimmt ihr, wie man so sagt, das Wort aus dem Mund. Er weiß besser als sie, was sie sagen will, und mitten in seinen Theorien und gescheiten Anspielungen schmeißt er alles, arrangiert er alles so ausgezeichnet, dass die Arme in ihrer Einfältigkeit sich überhaupt nicht mehr zurechtfindet.
Animus ist ihr nicht treu, aber das hindert ihn nicht, eifersüchtig zu sein, denn im Grunde weiß er genau: Anima ist

es, die alles Glück besitzt, und er ist bettelarm und lebt nur von dem, was sie ihm gibt. Auch hört er nicht auf, sie auszunutzen und sie zu quälen, bis er ihr den letzten Pfennig herausgelockt hat; er zwickt sie, damit sie schreit, er liefert ihr einen Streich nach dem andern, er erfindet Skandalgeschichten, um ihr Kummer zu machen und um zu sehen, was sie dann sagt; und am Abend erzählt er all das seinen Freunden im Café. In dieser Zeit bleibt sie still zu Hause, um die Küche zu besorgen und nach diesen literarischen Zusammenkünften, die mit ihrem Tabakgestank die Luft verpesten, alles sauber zu machen, so gut sie kann.

Schließlich passiert etwas sehr Außergewöhnliches. Im Grunde ist Animus ein Bourgeois, der zufrieden ist, wenn man ihm jeden Tag dieselben Fleischplatten vorsetzt. Aber er sollte noch eine ganz tolle Geschichte erleben. Eines Tages, als Animus plötzlich nach Hause kam, oder vielleicht, als er sein Mittagsschläfchen hielt oder vielleicht, als er „arbeitete" (sich auf seine Arbeit konzentrierte!), hörte er Anima singen, ganz allein, hinter der verschlossenen Tür. Ein seltsames Lied ist das, ein Gesang, den er noch gar nicht kannte, von dem es weder Noten gab, noch den Text, noch den Schlüssel, ein fremdartiges und wundersames Lied. Daraufhin versucht er mit List und Tücke, ohne dass sie es merkt, sie dahin zu bringen, dass sie das Lied nochmals singt, aber Anima tut so, als verstehe sie nicht, was er meint. Sie bleibt stumm, solange er sie beobachtet. Die Seele verstummt, solange der Geist sie beobachtet. Daraufhin dachte Animus sich einen Trick aus. Er macht sich ans Organisieren, um ihr gegenüber den Eindruck zu erwecken, er sei nicht da. Er geht hinaus, er unterhält sich lautstark mit Freunden, er pfeift, er klimpert mit der Gitarre, er sägt Holz und singt idiotische Refrains.

Ganz langsam, nach und nach beruhigt sich Anima wieder. Sie schaut, sie horcht, sie atmet auf, sie glaubt sich allein, und ohne Umstände geht sie und öffnet das Hoftor für ih-

ren göttlichen Freund. Animus hat, wie man so sagt, die Augen hinten am Kopf."

Die Anima will dich in die Tiefe führen. Sie kommt aus dem Bereich der Seele. Sie gehört der Seelen-Welt an. Sie geht noch tiefer als dein Schatten, die dunkle unbeleuchtete Seite in dir, die sie natürlich auch streift und auf die sie dich stößt. Die Anima will dich in eine Welt führen, die dir verborgen bleibt, wenn du ihr nicht folgst. Wie ganz anders diese Welt ist, wird dir anfanghaft in der Erfahrung des Verliebens bewusst. Wo wirst du in deinem Leben so sehr von einer „fremden" Kraft durcheinander gerüttelt wie im Zustande des unsterblichen Verliebtseins? Sie rüttelt an deinen Grundfesten. Das Ewige, das ganz Andere klopft an deine Tür, begehrt mit aller Macht Einkehr bei dir. Du verkennst die Intention, wenn du glaubst, dass sie dich zur geliebten Person treiben. Gehst du diesen Weg, verpufft ihre Kraft. Die Person, zu der du dich hingezogen fühlst, wird dir die Sehnsucht, die dich zu ihr hinzieht, nie und nimmer erfüllen können. Sie ist und bleibt ein sterbliches Wesen, ein Mensch aus Fleisch und Blut wie du selbst. Erst wenn du sie irgendwann als solche sehen kannst, kannst du in eine echte Beziehung zu ihr treten und sie vielleicht auch lieben.
Die Kraft und die Mächtigkeit, die du beim unsterblichen Verliebtsein spürst, wollen dich aber vor allem nach innen führen. Sie wollen die Mauern und Barrikaden in dir sprengen, die dich bisher davon abgehalten haben, zu deinem Innersten, zu deiner Seele zu gelangen. Sie wollen dein bisheriges Leben, deine Art zu denken und dich in deinem Leben einzurichten, auf den Kopf stellen. Diese Kraft, die du im Verlieben spürst, will in dein Leben einbrechen, sodass du anders, tiefer sehen, fühlen, spüren kannst, und eine tiefgreifende Wandlung und Verwandlung sich in dir vollziehen kann.

Wir verlieben uns aus ganz unterschiedlichen Gründen und mit ganz unterschiedlichen Absichten. Wer sich einer solchen Sichtweise verschließt, lässt die verwandelnde Kraft des Verliebens ungenutzt bleiben. Er bleibt am Vordergründigen hängen und übersieht die Chancen, die sich daraus für seinen Individuationsprozess ergeben können. Kannst du mir folgen? Verstehst du, was ich damit meine? Wenn du dich in eine andere Person verliebst, muss es dabei nicht in erster Linie um diese Person gehen. Es muss auch nicht unbedingt das Ziel sein, dass du diese Person „bekommst". Das genaue Gegenteil mag vielmehr das Ziel sein. Eine Kraft in dir, deine Anima, bedient sich des Verliebens, um dich mit dir bisher nicht bekannten Seiten in Kontakt zu bringen, sie dir bewusst zu machen und dich dazu anzuregen, sie für dein Leben fruchtbar zu machen.

Das aber setzt voraus, dass du dich mit deiner Anima *auseinandersetzt*. Du musst dich ihr stellen. Du musst die bewusste Entscheidung treffen, nicht in der geliebten Person und in der Hingabe an sie und der Verschmelzung mit ihr das Ziel dieser machtvollen Kraft, die du im Verlieben spürst, zu sehen. Du musst gegebenenfalls auch durch die Hölle gehen, denn die Qualen, die du erleidest, wenn du die Erfüllung deiner Sehnsucht nicht in der konkreten Person siehst, sondern darin, den Weg nach innen zu beschreiten, können sehr groß sein und sind manchmal kaum auszuhalten. Wer dazu fähig ist, „das Feuer des Gefühls und der Leidenschaft zu ertragen", wird durch diese Begegnung geläutert und verwandelt. „Das Erlebnis des Archetyps, des kollektiven Unbewussten und seiner Macht, kann auf eine neue Bewusstseinsstufe führen, auf der die Wirklichkeit der Psyche für das Ich genauso real wird wie die Wirklichkeit der materiellen Welt für die Sinne. Anima und Animus werden, wenn sie erst einmal als transzendent erfahren und als Maya erkannt wurden, zur Brücke für ein völlig neues Weltverständnis. Das Anima/us-Erlebnis ist der Kö-

nigsweg, die *via regis*, zum Selbst." (Stein 2000,176). Der
Weg dahin kann sehr weit sein und sehr lange dauern.

Versuchungen

*Die Anima ist die ewig sterbende
und wiederaufstehende Göttin, die
die Männer in die Flammen der
Leidenschaft und schließlich
in die Vernichtung stürzt*

Murray Stein

Die Auseinandersetzung mit unserer Anima bzw., unserem Animus gehört mit zu dem Dramatischsten, was uns während unseres Lebens begegnet. Wir kommen dabei an unsere Grenzen, werden zugleich aber auch in einer Weise herausgefordert, die uns zu einer Tiefe vordringen, einen Frieden und ein Glück erfahren lässt, die wir ohne diese Auseinandersetzung niemals erlangen würden. Das Dramatische in der Begegnung und der Auseinandersetzung mit der Anima liegt auch darin begründet, dass die Anima auch gefährliche Seiten hat, ja man im wahrsten Sinne des Wortes mit dem Feuer spielt, wenn man nicht auch um ihre zerstörerische Kraft weiß und sich davor schützt. So muss ich dem Tiefenpsychologen Murray Stein (2000, 175f.) Recht geben, wenn er feststellt:

Viele Menschen meiden aus gutem Grund die gefährlichen Stromschnellen der Anima/us-Erfahrung. Die angeborenen Abwehrmechanismen des Ich halten diese Versuchung fern. Kleine Jungen laufen vor kleinen Mädchen davon, die zu mächtig und attraktiv sind, weil sie intuitiv wissen, dass sie dieser Herausforderung nicht standhalten können. Erwachsene Männer sind manchmal klug genug, dasselbe zu tun, denn die Anima ist eine gnadenlose Zerstörerin konventioneller Ehen und Karrieren. Auch Frauen widerstehen dem Ruf des dionysischen Animus, der sie zu Ekstase und Verheißungen der Erfüllung durch die besondere Hingabe an die Liebe lockt, denn auch darin lauern die Gefahren der Verstümmelung und des Wahnsinns. Nicht umsonst haben viele Menschen darum gebetet, von Versuchungen, die über ihre Standfestigkeit hinausgehen, erlöst zu werden. Eine von Jungs Lieblingsdarstellungen der Macht der Anima war Rider Haggards She, ein zweitklassiger Roman, der eine unsterbliche femme fatale in der Wildnis Afrikas darstellt, deren Befehlen Gehorsam geleistet werden muss. Sie ist die ewig sterbende und wieder auferstehende Göttin, die die Männer in die Flammen der Leidenschaft und schließlich in die Vernichtung stürzt.

Anima tritt, so die Jung-Schülerin Marie-Louise von Franz (1968,180), häufig „als erotische Fantasie auf, sei es, dass viele Männer fast zwanghaft die schönen Kurven der Damen betrachten müssen oder dass man ihnen in Kinos, Journalen und Striptease-Shows oder auch allein in Tagträumen nachhängt. Dieser primitiv-ästhetische und rein naturhafte Aspekt der Anima drängt sich meistens dann besonders zwanghaft auf, wenn ein Mann im Bereich des Eros noch infantil geblieben ist." Diese Fantasien können von der Anima auf konkrete Personen projiziert werden, „sodass sie dem Manne als Eigenschaften einer wirklichen Frau erscheinen. Es ist auch dieser Projektionsvorgang, welcher bewirkt, dass ein Mann sich plötzlich „Hals über Kopf" verliebt und beim ersten Treffen fühlt: „Das ist sie!", als ob er diese Frau zuinnerst schon immer gekannt hätte. Er verfällt ihr dann oft hilflos, dass es den Außenstehenden als reiner Wahnsinn erscheint. Besonders Frauen von einem gewissen 'elfischen' Wesen ziehen solche Anima-projektionen an sich, weil der Mann ihnen infolge ihrer Unbestimmtheit alle möglichen Werte andichten kann." Solche „plötzlichen leidenschaftlichen, durch die Anima bewirkten Anziehungen" führen „zu jenen bekannten 'Dreieckssituationen' mit ihren Nöten." C.G. Jung (1971,138) verdeutlicht das an folgendem Beispiel.:

Die Anima tritt uns... manchmal nicht mehr als hehre Göttin entgegen, sondern unter Umständen als unser allerpersönlichstes Missverständnis oder unser bestes Wagnis. Wenn zum Beispiel ein alter, hochverdienter Gelehrter noch mit siebzig Jahren seine Familie stehen läßt und eine zwanzigjährige, rothaarige Schauspielerin heiratet, dann wissen wir, haben sich die Götter wieder ein Opfer gesucht.

Wenn man daher „beispielsweise sieht, wie ein Mann in ganz bestimmter Weise von einem besonderen Frauentyp gefesselt wird, dann weiß man", so Jung (1994,115), dass er in den Bann der Anima geraten ist." Jung (139) äußert daher auch Verständnis für die Vorbehalte und Ängste, die manche gegenüber dem Verlieben entwickeln:

Wenn Sie sehen, wie sehr ein typisch Intellektueller Angst davor hat, sich zu verlieben, so werden Sie diese Angst zunächst sehr töricht finden. Aber er hat vermutlich gute Gründe für seine Angst, denn höchst wahrscheinlich wird er sich in einem solchen Fall wirklich unsinnig benehmen. Er wird von seinen Gefühlen überwältigt werden, da diese nur auf einen archaischen oder gefährlichen Frauentyp reagieren. Deshalb neigen manche Intellektuelle dazu, unter ihrem Niveau zu heiraten. Sie werden vielleicht von der Vermieterin oder von der Köchin eingefangen; in Wirklichkeit gehen sie ihren eigenen archaischen Gefühlen in die Falle, über

die sie sich keine Rechenschaft geben. Sie fürchten sich da-
her mit Recht, denn ihre Gefühle können sie ins Verderbnis
führen. Im Denken sind sie unangreifbar. Darin sind sie
stark und unabhängig; aber über ihr Gefühl können sie
beeinflusst, überwältigt, betrogen und ausgenützt werden,
und sie wissen das sehr gut.

Was hier von der Anima und ihrem Einfluss auf den Mann
gesagt wird, gilt, wie bereits erwähnt, in ähnlicher Weise
für die Frau, bei der der Animus die entsprechende Funkti-
on übernimmt. Nach Marie-Louise von Franz (1968) äußert er sich zwar „bei Frauen nicht so häufig als erotische
Fantasie oder Stimmung" (189), als „innerer Mann" in der
Seele der Frau, kann er aber, wenn er sich projiziert, „zu
ähnlichen Schwierigkeiten in der Ehe führen wie die Anima"
(195). Eine erträgliche Lösung lässt sich nur dann finden,
„wenn die Anima als innere Macht erkannt wird."
Die verwandelnde Kraft des Sich-Verliebens kommt zum
Zuge, wenn du am Ende die wirkliche Person siehst und
erkennst. Das aber setzt voraus, dass du das Bild der Göttin, der Madonna, der über alles Erhabenen, das du auf die
geliebte Person projiziert hast, zurück nehmen kannst. Dann
ist der Blick frei auf die Person, wie sie wirklich ist: ein
Mensch aus Fleisch und Blut, stark und schwach, lebendig
und langweilig, wunderbar und mittelmäßig. Vor allem aber
ein Mensch, den du spüren kannst, mit dem du auf der
gleichen Ebene verkehren kannst, – den du *lieben* und der
dich lieben kann. Eine Göttin und eine Heilige bleiben letztlich unantastbar. Sie sind der wahren Liebe enthoben, einer Liebe – und da auch einer sexuellen Liebe –, die irdisch, menschlich, banal und ekstatisch sein kann. Jetzt
erwartest du nicht länger, dass die Geliebte für dich die
Besondere, Einzigartige, Außergewöhnliche sein muss. Du
hältst sie nicht länger auf Distanz, beschwerst nicht länger
die Beziehung zu ihr mit Erwartungen, die sie nicht erfül-

len kann und die dich davon abhalten, zu ihr in eine wirkliche Beziehung zu treten.

Das wird dir gelingen, wenn du das Bild der Göttin von der geliebten Person abziehst und in deine Seele zurückführst. Darauf zielt die verwandelnde Kraft im Verlieben hin: die Göttin in dir, die feminine Seite, die Anima in dir zu erwecken. Eine bisher in dir noch nicht entfaltete Seite, die wesentlich zu dir gehört, wenn du ganz Mensch sein willst, will sich entfalten. Sie ist wie bei Fotos als Negativ vorhanden und muss jetzt, damit du sie sehen und spüren kannst, damit sie positiv und farbig wird, entwickelt werden. Die Person, in die du dich verliebst, ist wie das entwickelte Bild. Sie vermittelt dir einen Eindruck oder eine Ahnung davon, wie das Bild in dir aussehen könnte. Das soll dich anstacheln, das Weibliche, die Anima in dir, in ihre Rechte einzuführen, ihnen den Platz, den Königsthron in dir anzubieten, der ihnen zusteht.

Es geht dabei unter anderem darum, die weiche Seite in dir zuzulassen, das Zärtliche, Empfindsame in dir zu entdecken. Es gibt nicht nur das Kämpferische, das auf Sieg und Gewinn aus ist, das sich an der Leistung orientiert. Es gibt auch das Schwache, die Seite, die nicht immer Recht haben muss, die bedürftig und dabei auch liebesbedürftig ist. Weiter gibt es in uns eine Schicht, ein Wollen, Verlangen und Sehnen, das Ausdruck der dichtesten Erfahrung ist, deren wir fähig sind: die Sehnsucht, vom Heiligen berührt zu werden. Die Sehnsucht, die Nähe des Göttlichen zu erfahren. Mit unserer Tiefe, unserer Seele in Berührung zu kommen, die uns mit dem Heiligen, dem Bereich des kollektiven Unbewussten, dem Göttlichen – Gott –, in Kontakt bringt. Anima will dich an deine Schätze heranführen. Dazu gehören das Göttliche in dir und die Erfahrung des Heiligen. Sie will dich motivieren, manchmal auch regelrecht dich darauf stoßen, deinem Innenleben und seiner Ausgestaltung deine Aufmerksamkeit zu schenken. Sie will dich davon überzeugen, dass es wichtig ist, ein reiches Innenleben zu führen, die dort gegebenen Möglichkeiten zu sehen und zu nutzen.

Viele Beziehungen scheitern, weil die jeweiligen Partner mit Erwartungen befrachtet werden, denen sie niemals gerecht werden können. Statt den Weg nach innen zu gehen, die Göttin in sich zu entdecken und ihr zu ihrem Recht zu verhelfen, projizieren sie ihre vom Partner nicht erfüllten Erwartungen, ihre Göttin oder ihren Gott, auf andere Personen. Die Göttin in ihnen bleibt weiterhin unentwickelt, unterentwickelt, ungesehen und ungewürdigt. Die verwandelnde Kraft des Sich-Verliebens kann sich bei ihnen nicht entfalten, das Verlieben wird zum Teufelskreis, der statt zur Verwandlung zum persönlichen und psychischen Schrumpfen führt, begleitet von Verletzungen, der Erfahrung von Untreue und Verantwortungslosigkeit. An die Stelle konstruktiver Kräfte treten destruktive Kräfte, geblendet von der Faszination eines Verliebtseins, dessen eigentliche Zielrichtung missverstanden wird. Der Tiefenpsychologe Robert A. Johnson (1999,100) schreibt dazu:

Normalerweise beginnt ein moderner Mann eine Ehe mit dem Seelen-Bild, das auf seine Frau projiziert worden ist; er beginnt erst dann seine Ehefrau als eine Frau kennen zu lernen, wenn die Projektion aufgehoben wird. Er merkt, dass er sie liebt als eine Frau, er sie wertschätzt und respektiert, er die Schönheit spürt, die davon herrührt, dass er sich ihr verbunden fühlt und weiß, dass sie sich mit ihm verbunden fühlt. Doch eines Tages trifft er eine Frau, die die Projektion seiner Anima trifft. Er weiß nichts von Anima und noch weniger von Projektion: er weiß nur, dass diese „andere Frau" wie die Essenz der Perfektion schlechthin erscheint; ein goldenes Licht scheint sie zu umhüllen, sein Leben fühlt sich angenehm erregt und bedeutungsvoll an, wenn er mit ihr ist.

Mich faszinieren diese Einsichten aus der Tiefenpsychologie. Sie haben mir persönlich sehr geholfen, eigene Erfahrungen von Verliebtsein besser zu verstehen und einzuordnen. Dabei ist mir bewusst, dass die Einsichten allein oft nicht ausreichen, sich der Macht, auch der zerstörerischen Macht der Anima entziehen zu können, wenn man sich im Zustande des Verliebtseins befindet. Solche Situationen muss jeder Mann und jede Frau für sich selbst bewältigen. „Um jedoch in den vollen psychologischen Nutzen der Anima/us-Erfahrung zu gelangen, muss eine Person einen ungewöhnlich fortgeschrittenen Bewusstseinsgrad erreicht haben. Die Fähigkeit, zwischen Projektion und Projektionsträger, zwischen Fantasie und Realität zu unterscheiden, ist in der Tat selten." Für die meisten „bleibt die Anima bzw. der Animus Maya, die Schöpferin der Illusionen, die Betrügerin, das immer wiederkehrende Trugbild des ewigen Geliebten. Das Illusionsspiel von Anima und Animus zu durchschauen, ohne die darin wirkenden transzendenten Gestalten zu erkennen, führt zu Zynismus und Verzweiflung: Die Anima ist wahrhaftig *la belle dame sans merci*." (Stein 2000,175) Es ist der einzelnen Person zu wünschen, dass sie an den Anima/us-Erfahrungen reift und diese Erfahrungen dazu beitragen, dass ihr noch mehr ihrer inneren unbewussten Persönlichkeit bewusst wird und das Bewusst-Gewordene in ihre Gesamtpersönlichkeit und in ihr Leben integriert. Das Wissen um die Anima/us-Dynamik kann die Seite im Mann und in der Frau stärken, die dieser Macht nicht einfach verfallen sein möchte und nicht dazu bereit ist, soweit es in *ihrer* Macht steht, ein Verhalten an den Tag zu legen, das gegenüber anderen und letztlich auch sich selbst gegenüber unverantwortlich ist. Wenn wir uns nur von der Leidenschaft bestimmen lassen, werden wir nicht zu einer echten Loyalität gegenüber einer konkreten Person fähig sein, meint Robert A. Johnson. (1999, 145) Weiter schreibt er:

Ein Mann ist erst dann wirklich verbindlich verbunden mit einer Frau, wenn er innerlich bejahen kann, dass er sich an sie als eine Person bindet und dass er auch dann mit ihr sein wird, wenn er nicht mehr in sie verliebt ist, auch wenn sie nicht mehr von Leidenschaft für einander entflammt sind und er in ihr nicht länger sein Ideal von Vollkommenheit oder die Reflexion seiner Seele sieht. Wenn ein Mann das zu sich sagt und es auch so meint, dann hat er das berührt, was im Letzten Treue meint. Doch er sollte wissen, dass er noch einen inneren Kampf vor sich hat. Der Liebestrank ist stark: Die neue Moral der Romantik ist tief in uns einprägniert, sie hält uns gefangen und dominiert uns, wenn wir sie am wenigstens erwarten. Den Liebestrank angemessen zu gewichten, ihn zu trinken, ohne seine menschliche Beziehung zu verraten, gehört mit zu der schwierigsten Aufgabe des Bewusstseins, die jedem Mann in unserer westlichen Welt aufgetragen ist (103)... Der Kult der Romantik lehrt uns, dass normale Menschen nicht genug sind, dass wir einen Gott oder eine Göttin suchen müssen, einen Hollywood Star, eine Traum-Frau oder einen Traum-Mann, eine Schönheitskönigin: eine Fleisch gewordene Anima oder ein inkarnierter Animus. Solange jemand dieser Mentalität verfallen ist, wird er niemals etwas anderes als seine Anima akzeptieren; er wird nur dann in eine Beziehung zu einer Frau treten, wenn sie seinem Traum... entspricht.

Das kann manchmal heißen, dass du dich wie Odysseus und seine Gefährten an den Mast binden und deine Ohren mit Wachs zustopfen musst, um der Faszination und den Betörungen der Sirenen zu entrinnen. In der Odyssee des Homer heißt es dazu:

Auf den zerklüfteten Uferfelsen am südlichen Zipfel von Sizilien wohnten die Sirenen. An den Mast gebunden, die Ohren der Gefährten mit Wachs verstopft, bestand Odys-

seus die Gefahr, die ihr Gesang für die Schiffer bedeutete.
Ihn lockten sie mit tieferem Wissen: 'Keiner noch fuhr hier
vorbei auf dunklen Schiffen, bevor er Stimmen aus unse-
rem Munde vernommen, die süß sind wie Honig. So einer
kehrt dann mit tieferem Wissen beglückt in die Heimat.'

Warum sich nicht von den Stimmen verführen lassen? Von
Oscar Wilde stammt der Ausspruch: „Versuchungen sollte
man nachgeben. Wer weiß, ob sie wiederkommen." Es geht
nicht darum, süß wie Honig schmeckende Erfahrungen
grundsätzlich abzulehnen oder abzuwerten. In bestimmten Situationen und in einem bestimmten Rahmen können
und sollen sie genossen werden. Es kann aber auch Zeiten
in unserem Leben geben und Erfahrungen, bei denen der
Verzicht schließlich zum eigentlichen Genuss führen kann.
Durch ihn kann in uns etwas verwandelt und in seiner
Entwicklung gefördert werden. Die Erfahrung zu machen,
den mächtigen, stark sexuell-erotisch bestimmten Kräften
in uns nicht einfach ausgesetzt zu sein, kann uns helfen
mit unserer integrierenden Kraft in Berührung zu kommen.
Wir kommen damit zugleich mit uns selbst, unserem Selbst,
noch stärker in Kontakt. Es bedarf dazu der so mächtigen
sexuell-erotischen Herausforderung, um dadurch unserem
Selbst noch mehr zum Durchbruch zu verhelfen. Hier spürt
man das unnachgiebige Wirken der Anima bzw. des Animus
im Bestreben, unsere Entwicklung und Individuation vor-
anzutreiben. Sie schreckt dabei nicht davor zurück, uns in
Versuchung zu führen. Sie „ist voll von Fallstricken und
Fußangeln. damit der Mensch zu Fall komme, die Erde er-
reiche, sich dort verwickle und daran hängen bleibe, damit
das Leben gelebt werde, wie schon Eva im Paradies es nicht
lassen konnte, Adam von der Güte des verbotenen Apfels
zu überzeugen." (Jung 1971,49)
Die Auseinandersetzung mit uns selbst, das innere Ringen,
die verbunden sind mit dem Verzicht, in der geliebten Per-

son die Erfüllung zu sehen, setzen die verwandelnde Kraft in uns frei. Dabei ist in der Regel nie klar, welche Seite „siegen" wird. Umfallen, Zurückfallen, Land gewinnen, werden die Auseinandersetzung prägen. Manchmal muss man vielleicht erst die Erfahrung machen, wie das ist, wenn man den Verlockungen und Versprechungen der Sirenen folgt. Alle Erfahrungen, die bei diesem Prozess der Auseinandersetzung gemacht werden, können wichtig sein für die Verwandlung. Sie sind in sich Ausdruck unseres Lebens und unserer Lebendigkeit.

Dann ist sie wieder da, diese Sehnsucht, dieses einzige Entflammen, dieses Brennen und Sehnen. Was damit machen, was damit anfangen? Am liebsten würde ich der Ekstase folgen, mich dem Brennen und Sehnen überlassen, um sie in der Hingabe zu stillen. Was sollte mich auch daran hindern? Wer könnte mir diese Erfahrung des Himmels verwehren wollen? Doch kaum will ich auf diese Stimmen hören, meldet sich die Wirklichkeit, tauchen die Grenzen und Begrenzungen auf, stoße ich an Wände und Schranken, stellen sich Versprechen, Verpflichtungen, Verantwortung, konkrete Menschen dazwischen. Sie sagen „Halt". Zunächst leise, dann aber immer deutlicher. Die Ekstase kann sich nicht entfalten. Sie wird gestoppt, bevor sie richtig in Fahrt gerät. Wohin nun mit der Leidenschaft? Ich bin hin- und hergerissen.

Machmal wird es uns leichter fallen zu verzichten, ein anderes Mal erscheint es uns als nahezu unmöglich. Das wird auch von der jeweiligen Situation, in der wir uns gerade befinden, abhängen. Die Jugendliche, die sich verliebt hat und – aus welchen Gründen auch immer – darauf verzichten muss, diese Liebe konkret werden zu lassen, mag nach wenigen Wochen über den Schmerz hinweg kommen. Der 45-jährige verheiratete Mann, der sich unsterblich in eine andere Frau verliebt hat und dieses Verliebtsein ernst nimmt, aber nicht in einer sexuellen Beziehung ausleben möchte, mag viele Monate oder gar Jahre benötigen, um diese Erfahrung für sein Leben und seine Beziehungen fruchtbar machen zu können. Oft sind es gerade die heftigen inneren Auseinandersetzungen, die seelisch als sehr schmerzvoll erlebt werden, die am meisten zu einer Verwandlung beitragen, wenn man diese schwierige Phase durchsteht.

Verwandlung meint dabei in der Regel immer auch: noch mehr ich selbst werden. Noch mehr mein authentisches Selbst zum Ausdruck zu bringen. Abstreifen, was mich bis jetzt davon abgehalten hat, noch mehr mit meinen inneren Schichten in Berührung zu kommen. Meinem Personkern zur Entfaltung zu verhelfen. Alle Anlagen in mir zulassen, die intellektuellen, emotionalen, intuitiven, spirituellen und sozialen. Den unergründlichen Schatz des Unbewussten für meinen Individuationsprozess fruchtbar zu machen.

Kannst du mir noch folgen? Ich gebe zu, manches, was ich sage, klingt zunächst recht theoretisch. Wenn ich auf mein eigenes Leben schaue, muss ich gestehen, dass es zum Beispiel sehr schwer sein kann, der Stimme in dir zu folgen, die von mir Verzicht verlangt. Allein die Einsicht, dass es besser und auf Dauer gesehen für die eigene Entwicklung förderlicher ist, zu verzichten, genügt in der Regel nicht, einen solchen Verzicht tatsächlich zu leisten. Machmal muss man erst auf die Nase fallen, um dann vielleicht in der Lage zu sein zu verzichten. Wichtig ist, dass dieser Verzicht Sinn macht. Helfen kann dir dabei auch, zu wissen, dass das Aushalten des Verzichtes dich weiterbringt. Das Durchleben der damit einhergehenden Gefühle wie Traurigkeit, bis hin zu Depression, Enttäuschung und Einsamkeit, wird dann am Ende durch Erfahrungen belohnt, die dich weiterbringen. Hier kann dir auch das Verständnis von *opfern* als *etwas heiligen, etwas heilig* machen, helfen, das in dem lateinischen Wort für opfern *sacrificere* steckt.

Du verzichtest auf etwas mit dem Ziel, dadurch in deinem Leben etwas zu heiligen, heilig zu machen. Wenn die Zeit der Entbehrung und Trauer vorbei ist, wird sich in dir ein tiefes Gefühl von Glück und Freude einstellen. Verbunden ist damit ein Gefühl von Freiheit. Du begegnest in diesen Erfahrungen deinem tieferen Ich, deinem Selbst. Es ist nicht länger irgendein Es, eine fremde Macht, die dich bestimmt oder der du einfach ausgesetzt bist. Du selbst kannst dein Leben gestalten, kannst dich für das eine und gegen das andere entscheiden. Du machst die Erfahrung, stärker zu sein als der Zauber des Sich-Verliebens. Auch deine Seele will, dass du am Ende mit *deiner* Kraft in Berührung kommst und dein Potenzial zur Entfaltung bringst. Im Prozess des Verliebens wollen deine Anima und dein Animus dich provozieren. Sie wollen dir deine bisher noch nicht genutzten Möglichkeiten an Selbstbestimmung entlocken. Damit aus der Raupe ein Schmetterling wird, bedarf es einer großen Anstrengung. Alle in dir schlummernden Kräfte müssen dafür mobilisiert werden, damit du über die notwendige Ausdauer und Energie verfügst, das von dir abzustreifen, was dich daran hindert, noch mehr du selbst zu werden.

Bei dieser Auseinandersetzung kannst du mitunter gezwungen werden, zu Grunde zu gehen, um nach den Ressourcen zu suchen, die dir helfen können, mit dem inneren Durcheinander zurechtzukommen und es zu bestehen. Du wirst dabei auf Kontinente in dir stoßen und Kraftreserven entdecken, von denen du bisher keine Ahnung hattest. Vor allem wirst du aber am Ende die für dich ganz wesentliche Erfahrung machen dürfen, nicht nur der Spielball deiner sehr heftigen Gefühle zu sein.

Leidenschaft und Wahn

Ihr naht euch wieder, schwankende Gestalten,
Die früh sich einst dem trüben Blick gezeigt.
Versuch' ich wohl, euch diesmal festzuhalten?
Fühl' ich mein Herz noch jenem Wahn geneigt?

Johann Wolfgang von Goethe

Fühl' ich mein Herz noch jenem Wahn geneigt?" – Diese Worte aus Goethes Faust kommen mir in den Sinn, als ich Nina unsicher ansehe. Schon bei der ersten Begegnung mit ihr vor wenigen Wochen kenne ich mich nicht mehr. Ich spüre, wie ich zunehmend in ihren Bann gezogen werde, wie das Netz um mich, das mich in ihren Bannkreis zieht, immer enger wird, der Spielraum meiner Entscheidungsfreiheit immer kleiner, die Kraft und der Einfluss meines Willens immer schwächer werden. Was ist es, was mich an dieser Frau so anzieht? Ihre Haare, ihre Augen, ihr Körper? Das ist es auch. Aber es ist nicht das Entscheidende. Da ist etwas an ihr, das mich nicht mehr von ihr loslässt. Sie birgt in sich ein Geheimnis, das ich ergründen möchte. Birgt sie in sich vielleicht auch ein Geheimnis, durch das sie mich auf etwas Geheimnisvolles in mir selbst aufmerksam machen möchte? Ist es das, was mich nicht mehr loskommen lässt von ihr. Kommt durch sie etwas von mir selbst zum Ausdruck, das ich bisher bei mir nicht beachtet, vielleicht sogar verdrängt habe? Wenn ich mich in jemanden verliebe, falle ich in meinen Spiegel, habe ich einmal gelesen. Es ist wie damals bei Lisa. Es ist nicht ganz so stark. Ich bin diesem Sehnen nach ihr nicht so stark ausgesetzt wie damals, als es zu Ende war mit Lisa. Damals dauerte es lange, bis das Loch in mir geheilt war, das wie eine geöffnete Wunde mir unsägliche Schmerzen bereitete. So hatte ich es jedenfalls empfunden. Sie hatte sich in mir breit gemacht, in mir, in meinem Herzen, in meinem ganzen Empfinden. Doch nicht nur sie. Das wollte ich ja. Nichts lieber wollte ich. Doch mit ihr hatte zugleich auch – und das dämmerte mir erst allmählich – ihr Wahn bei mir Einkehr gehalten. Ich hatte mich ihr gegenüber total geöffnct, hatte sie ganz und gar bei mir einkehren lassen und zunächst nicht bemerkt, wie ihre Krankheit immer mehr von mir Besitz ergriffen hatte. Als ich nach der Trennung von ihr versuchte, alle schmerzvollen Gefühle zuzulassen, die die Trennung und der Abschied von ihr bei mir auslösten, spürte ich immer wieder und immer deutlicher diese Öffnung wie eine Wunde, die nicht heilen wollte. Durch sie hatte ich sie und mit ihr ihren Wahn bei mir hereingelassen. Ich bekam und bekam dieses Loch nicht zu. Manchmal glaubte ich, es nicht mehr aushalten zu können, glaubte ich selbst diesem Wahn zu verfallen. Es kam regelrecht zu einem Kampf zwischen der gesunden Seite in mir und dem Wahnhaften. Sie schienen gleich stark zu sein. Es war kurz vor dem Ende. Da war es geschehen. Da hatte mich der Wahn befallen. Etwas in mir hatte bis zum Schluss versucht, sich dagegen zu wehren. Doch zu diesem Zeitpunkt hatte ich keine Chance mehr. Ich vermochte mich dem Sog, der mich zu ihr und ihrem Wahn hinzog, nicht länger zu widersetzen. Damals muss jenes Loch in mir entstanden sein, muss mich ihr Wahn ergriffen haben. Ich spürte, wie ich in eine mir bisher ungewohnte Welt hineingerissen wurde. Alles in mir geriet ins Wanken, stürzte zusammen. Ein Abgrund tat sich vor mir auf. Da war nur noch ein Meer voll von aufschäumenden, aufgewühlten Gefühlen, in dem ich umhertrieb.

Manche Menschen wird die Erfahrung des Verliebtseins oder der Trennung von der geliebten Person – sei es äußerlich oder innerlich – überfordern. Sie stoßen an ihre Grenzen und werden durch die Situation so sehr herausgefordert, dass sie damit nicht alleine zurecht kommen und schier verrückt werden. Bei ihnen kommt es dann nicht zur Verwandlung. Der Zustand des unsterblichen Verliebtseins verrückt bei ihnen mehr, als sie vertragen und ertragen können. Sicherheitsvorkehrungen, die sonst wie selbstverständlich funktionieren, werden bei ihnen außer Kraft gesetzt. In anderen Fällen kann über das Verlieben eine psychische Störung der geliebten Person auf den Verliebten „übertragen" werden. Die Trennung kann in vielen Fällen zu einer Heilung führen. Manchmal bedarf es aber auch einer psychotherapeutischen Behandlung, um aus dieser Verstrickung herauszukommen.

Ich muss an das Loch denken, das ich nach der Trennung von ihr noch so lange in mir spürte, diese Öffnung, aus der so viel Schmerz drang. Wie eine weit geöffnete Wunde, die erst dann zu bluten und zu schmerzen aufhörte, als sie geheilt war. Es war nicht der Schmerz über die Trennung. Den spürte ich woanders und erlebte ich anders. Es war ihr eigener Schmerz, ihre eigene Hoffnungslosigkeit, ihre wahnhaften Vorstellungen, ihre tiefe Schwermut, die sich mit meinen depressiven Gefühlen vermischten und sich in mich hineinversenkt hatten, die mir zu schaffen machten. Ich hatte alle Türen und Fenster in mir geöffnet, um sie eintreten zu lassen. Und sie trat ein, immer weiter und immer tiefer. Sie öffnete sich immer mehr, schüttete ihr Herz vor mir aus, legte ihre Seele bloß. Alles von ihr und in ihr wanderte von ihr zu mir und fand Wohnung bei mir. Was sie sagte und belastete, hatte ich auf diese oder ähnliche Weise bereits von anderen vernommen. Es hatte mich berührt, aber nicht bei mir selbst, in meiner Seele Wohnung genommen. Ich hatte es an mich herankommen lassen, doch zugleich auch verstanden, mich nicht so sehr davon ergreifen zu lassen, dass es mich nicht mehr los ließ. Jetzt aber wich es nicht mehr von mir. Es vermischte und verstrickte sich so sehr mit meinem Eigenen, dass ich zunehmend nicht mehr auseinander halten konnte, was Ihres und was Meines war. So hatte auch ihr Wahn bei mir Einzug gehalten und blieb bei mir, auch dann noch, als sie mich verlassen hatte. Ich wusste manchmal nicht, woran ich mehr litt: an der Trennung oder an dem Wahn, dem Verrückten, dem Irrealen, ja dem surreal Anmutenden, das ich mit der Beziehung zu ihr verband. Wenn ich dieses Loch nur schließen könnte, durchfuhr es mich immer wieder. Nichts wünschte ich mir sehnlicher herbei. Es war ein so eigenartiges, fremdartiges Gefühl, von etwas beherrscht zu werden, einer Kraft ausgesetzt zu sein, gegen die ich mich nicht wehren konnte. Ich hatte die Türen zu meinem Inneren zu weit geöffnet, und jetzt vermochte ich sie nicht mehr zu schließen. Es dauerte lange, bis ich das Gefühl hatte: Jetzt ist es vorbei, jetzt ist die Stelle, an der sich das Loch befand, zugewachsen, jetzt hat das Wahnhafte, Verrückte, das sich tief in mich hineingefressen hatte, mir ins Herz und in die Glieder gefahren war, den Rückzug angetreten. Erst nachdem das Wahnhafte sich zurückgezogen hatte, kam ich mit dem Schmerz und der Trauer in Berührung, die ich über den Verlust des Menschen empfand, der mir so viel, ja alles, bedeutet hatte. Ich benötigte viele Monate dazu, bis ich sie wirklich loslassen konnte. Ich war in den Abgrund gestiegen, ohne Absicherung. Wie hätte ich mich auch absichern können oder sollen? Ich habe mich in sie hineinfallen lassen und bin dabei in den Abgrund, meinen eigenen Abgrund, gefallen, in ihre und in meine Dunkelheit geraten. Dann kam ich aus diesem Abgrund und dieser Dunkelheit nicht mehr heraus. Ich bin in eine Welt vorgestoßen, die einem normalerweise vorenthalten ist. Es war die Vorhalle des Verrücktseins. Ich war am Ende noch einmal davongekommen. Aber ich hatte einen Blick in eine Welt schauervoller Gefühle und unsäglicher Trostlosigkeit geworfen. Mein Liebeswahn und ihr Wahn trafen zusammen. Es fehlte nicht viel, und ich wäre ihm gänzlich verfallen.

Die Sonne strahlt. Ich fühle mich wohl. Ich sitze in meinem Hotelzimmer und genieße die Sonne. Ich habe das Gefühl, dass meine Reise endgültig zum Abschluss gekommen ist. Ich war, das wurde mir in aller Deutlichkeit bewusst, am Rand des Abgrundes gestanden, hatte in diesen endlos tief erscheinenden Abgrund hinabgeschaut. Jetzt spüre ich wieder Zuversicht. Wo ich ein Loch, einen sandigen Untergrund, Unsicherheit und Selbstzweifel spürte, erlebe ich jetzt eine feste Basis, etwas Zuverlässiges, „Rundes". Ich habe in der Begegnung mit ihr die Erfahrung machen müssen – oder kann ich inzwischen auch sagen machen dürfen? –, dass es eine Kraft gibt, gegen die ich nicht ankomme. Eine Kraft, die alle wichtigen Schutzvorrichtungen niederreißen kann, die mein persönliches Leben mit gestalten und dafür Sorge tragen, dass ich mich seelisch schütze. Ich hatte mit dieser Kraft gekämpft und war von ihr fast besiegt worden, bis ich schließlich dann doch mit mir, meiner Kraft, in Berührung kam und ihr Einfluss immer größer wurde, größer als jemals zuvor in meinem Leben. Die Krise nötigte mich dazu, wollte ich überleben.

Dieter Wyss (1975, 115 ff.), Arzt und Psychotherapeut, weist darauf hin, dass das Verlieben zu vorübergehenden tiefgreifenden seelischen Gleichgewichtsstörungen führen kann. Es kommt in diesen Fällen zu einem „Verlust fundamentaler Ortung und Orientierung des Menschen in der Perspektive von Außen- und Innenwelt, von Oben und Unten, von Nähe und Ferne, von Vorne und Hinten". Das gilt vor allem, „wenn der Geliebte für den Liebenden zum überwiegenden Weltmittelpunkt – und umgekehrt – wird". Die für Wahnkrankheiten charakteristischen Überzeugungen, die auch bei Verliebten anzutreffen sind, wie die Überzeugung von der Einmaligkeit der Beziehung oder die Erfahrung der Liebenden, voneinander „besessen" zu sein, sind nur einige Beispiele dafür. Es gibt bei den Erfahrungen des Verliebens zumindest eine Nähe zu Wahnkrankheiten, und die Entwicklung hin zu einer echten Krankheit kann bei einer entsprechenden Disposition der verliebten Person nicht ausgeschlossen werden.

Goethes Werther (1899,185f.) ist seinem Liebeswahn verfallen. Er sah für sich keinen anderen Ausweg mehr als den Tod. Im Tod hoffte er sich mit seiner Geliebten vereinigen zu können, zu erreichen, was er zu Lebzeiten nicht erreichen würde. Er erschoss sich mit den Pistolen, die sie berührt hatte.

Sie sind durch seine Hände gegangen, du hast den Staub davon geputzt, ich küsse sie tausendmal, du hast sie berührt: und du, Geist des Himmels, begünstigst meinen Entschluss! und du, Lotte, reichst mir das Werkzeug, du von deren Händen ich den Tod zu empfangen wünschte, und auch! nun empfange. O ich habe meinen Jungen ausgefragt. Du zittertest als du sie ihm reichtest, du sagtest kein Lebe wohl! – Wehe! wehe! kein Lebe wohl! – Solltest du dein Herz für mich verschlossen haben, um des Augenblickes willen, der mich ewig an dich befestigte? Lotte, kein Jahrtausend vermag den Eindruck auszulöschen und ich fühle es, den kannst du nicht hassen, der so für dich glüht".

Das Verlieben kann einen Menschen so ungeschminkt seine eigene Bodenlosigkeit vor Augen führen, dass er – wird er abgelehnt oder findet er nicht die ersehnte Beachtung –

in den Abgrund fällt. Er glaubt, dass die geliebte Person für ihn der Boden sein kann, den er selbst nicht in sich oder unter seinen Füßen spürt. Die Herausforderung, den eigenen Boden zu entdecken, zu stärken und auszubauen, die im Verlieben stecken kann, überfordert ihn. Hier zeigt sich, wie intensiv das Verlieben in unser Leben hineinwirken und wie existenziell es uns angehen kann. Es kann zu einer Erfahrung werden, die tief ins Fleisch einschneidet. Die verwandelnde Kraft des Sich-Verliebens hinterlässt Spuren, die tief in unsere Seele eindringen und uns Schmerzen bereiten – zu unserem Heil oder auch Verderben.

Den schmalen Grat zwischen Leidenschaft und Wahnsinn, der zuweilen in den Erfahrungen des Verliebtsein beschritten wird, beschreibt sehr eindrucksvoll Patrick McGrath (1997) in seinem Roman *Stella*. Darin verliebt sich Stella, die Frau eines Psychiaters, in den Psychiatriepatienten Edgar. Edgar ist von Beruf Bildhauer und lebt seit fünf Jahren in der Klinik, in die er eingewiesen wurde, weil er aus krankhafter Eifersucht seine Frau umgebracht hatte. Als Edgar aus der Klinik flieht, lässt Stella alles hinter sich und folgt ihm nach London, wo er sich in einem heruntergekommenen Atelier versteckt. Stella ist so sehr besessen von ihrer Liebe zu ihm, dass sie alle Rücksichten auf gesellschaftliche Gepflogenheiten oder Vorteile, aber auch alle Vorsicht gegenüber ihrem unberechenbaren Partner fallen lässt. Für den Außenstehenden läuft in dieser Beziehung eine Dynamik ab, die unbegreiflich bleibt. Man kann darüber nur den Kopf schütteln, entsetzt sein, oder es läuft einem eiskalt über den Rücken. Fassungslos nimmt man an der Geschichte einer *Amour fou* teil, die für den, der in ihr lebt, anscheinend selbstverständlich und normal erscheint. Stella wird schließlich selbst in eine psychiatrische Klinik eingeliefert. Sie ist suizidgefährdet. Ihr ärztlicher Therapeut – er ist zugleich der Erzähler des Romans – ist offensichtlich so fasziniert von dieser außergewöhnlichen Frau, dass er sich in sie verliebt und die Hoffnung hegt, dass sie am Ende der Behandlung seine Frau wird. Dem kommt sie durch Suizid zuvor.

Auch wenn wir von Liebeswahn sprechen, handelt es sich dabei in der Regel – im Unterschied zu einer psychotischen Wahnstörung – um einen „Wahn zu zweit", eine *folie à deux*. Jedenfalls wird, so Dieter Wyss (1975,117), „von beiden Partnern Identität, Verschmelzung mit dem anderen zu einem Ich gemeinsam erlebt, diese Verschmelzung wird für wahr gehalten". Weiter meint Dieter Wyss: „Wenn der Begriff des 'Wahn' häufig angewandt wird, um damit die die Persönlichkeit tiefgreifend und negativ verändernden Wesenszüge zu erfassen, so stellt dem gegenüber der 'Liebeswahn' eine außerordentlich produktive, die Partner in ihrer Existenz im Allgemeinen bereichernde, steigernde Veränderung dar. Im Vergleich mit dem Liebenden zeigt sich der eigentliche Wahnkranke in seiner Kommunikation mit der Umwelt hochgradig eingeschränkt." (117) Der Verliebte dagegen entdeckt mit der Zeit den anderen in seiner Andersartigkeit mit dem Ergebnis, dass er von seinem Liebeswahn geheilt wird.

Das Thema Verlieben hat Psychologen und Psychotherapeuten immer schon beschäftigt, aber auch fasziniert. Einer der Gründe dafür ist, dass sie im therapeutischen Prozess oft damit konfrontiert werden. Da gibt es zum Beispiel die Patientin, die sich in den Therapeuten verliebt. In diesem Falle ist es der Kunst und dem Können des Therapeuten überlassen, diese Reaktion der Patientin für den therapeutischen Heilungsprozess fruchtbar zu machen. Man spricht hier von Übertragung und will damit sagen, dass die Patientin Gefühle auf den Therapeuten überträgt, die eigentlich nicht ihm gelten. Unabhängig davon, ob das immer so zutrifft und nicht auch im therapeutischen Kontext echtes Verlieben stattfindet bzw. stattfinden kann, ist es Aufgabe des Therapeuten, diesen Gefühlen gegenüber immun zu sein und zu bleiben. Das heißt, er darf sich nicht davon infizieren lassen. Für die Patientin muss es möglich sein, diese Gefühle zuzulassen. Der Therapeut muss wissen, dass die Patientin für ihn, solange sie seine Patientin ist und auch noch einige Zeit danach, als potenzielle Liebespartnerin tabu ist.

Nicht immer halten sich Therapeuten an diese Regel. Besonders gefährdet sind sie, wenn bei ihnen eine Gegenübertragung stattfindet und sie sich beispielsweise in ihre Patientin verlieben. Manche würden sagen, dass es sich bei dem, was Gegenübertragung genannt wird, im Grunde genommen um eigene ungelöste psychische Konflikte handelt, die im so genannten Übertragungsgeschehen zum Ausdruck kommen. „Das regressive Mitgehen in der Empathie, um die Konflikte des Patienten verstehen zu können, kann... ähnliche Konflikte aus der Vergangenheit des Analytikers aktivieren..." (Senf/Booda 1996,105).

Ein medizinischer Psychotherapeut, der sich bei der psychotherapeutischen Behandlung in eine etwa 30-jährige Patientin, bei der eine histrionische, sprich hysterische Persönlichkeitsstörung diagnostiziert wurde, verliebt, schildert seine innere Auseinandersetzung mit dieser Erfahrung:

Ich schaue sie an. Ich habe mich in sie verliebt. Es trennen mich nur noch wenige Zentimeter – oder sind es nur noch wenige Millimeter? – und ich bin verloren. Dann werde ich von meinem Liebessehnen davongetragen. Dann werden die Kräfte, die mich jetzt noch zurückhalten, entmachtet. Dann werde ich mich widerstandslos den Kräften ergeben, die mich zu ihr tragen wollen, um in ihren warmen, zärtlichen Umarmungen aufzugehen und mich in der innigsten Verbindung mit ihr aufzulösen. Ich schaue sie unsicher an. Sie errötet leicht und schaut immer wieder nach unten. Ob sie auch mich begehrt? Bisher hat sie nur davon gesprochen, wie sehr ihr in der letzten Zeit Sex Spaß mache. Sie könne nicht genug davon bekommen. Das sei früher anders gewesen. Da sei er ihr eher lästig gewesen und habe halt so dazu gehört. Jetzt sei das ganz anders. Sie lasse inzwischen auch alle ihre sexuellen Fantasien zu, lege sich hier keine Tabus mehr auf. Das führe allerdings dazu, dass sie manchmal nicht länger unterscheiden kann, was Wirklichkeit und was Fantasie sei. Ich erschrecke, als ich das höre. Eine Alarmglocke in mir schrillt auf. Zugleich fühle ich mich von dem, was sie sagt, angezogen. „Ob auch ich ein Teil ihrer Fantasien bin?", frage ich mich. Es würde mir schmeicheln. Das wäre mir recht. Gerne würde ich mit ihr darüber reden. Doch etwas hält mich – noch – zurück. Wenn es jetzt weitergeht, wenn ich die Grenze, die ich im Moment noch einhalten kann, überschreite, kann ich für nichts mehr garantieren. Jetzt kann ich das alles noch stoppen, kann ich es noch steuern. Wirklich? Mache ich mir da nichts vor? Sie versteht es, mein Interesse zu wecken. Sie löst in mir Staunen, Erschrecken und zugleich Mitleid aus. Ihre Beschwerden trägt sie mit einem erotischen Lächeln vor. Ich kenne diese Verhaltensweise und die Symptome, die sie mir schildert, bestens aus meiner Arbeit. Und dennoch, sie versetzt mich irgendwie in Bann. Sie löst in mir sexuelle Fantasien aus, und durch die Art und Weise, wie sie mir begegnet, was sie mir sagt, wie sie mich anschaut, erotiert und sexualisiert sie offensichtlich unsere Begegnung. Ihre Fantasie verrät ihre starke sexuelle Triebhaftigkeit. Sie ist ständig auf der Suche nach sexuellen Erlebnissen, so der Anschein, den sie erweckt. Doch bevor es dazu käme, würde sie sicher die Flucht ergreifen. Ihre Erotik hat etwas Spielerisches, Schwankendes und Unreifes an sich. Vielleicht ist es aber gerade das, was so anziehend auf mich wirkt. Ich weiß, dass das alles „typisch" ist für jemand, der hysterisch ist, und dennoch vermag ich mich ihrem Zauber nicht zu entziehen. Sie spielt mit mir, und ich lasse sie mit mir spielen. Vermutlich ist sie auf der Suche nach Sicherheit und Schutz, die sie in der Rolle der

„femme fatale" zu überspielen versucht. Ich kann – darf? – ihr nicht sagen, wie ich mich im Augenblick fühle. Ich kann ihr nicht sagen, wie stark ich mich zu ihr hingezogen fühle, wie schwach ich mich erlebe, zu allem bereit. Dabei ist es doch so greifbar, wie es zwischen uns hin- und herfunkt. Oder empfindet sie das anders? Ist sie sich dessen nicht bewusst? Da sprüht doch etwas auf, da knistert es doch deutlich, wenn wir uns treffen. Ein Wort genügt, und das Feuer ist total entfacht. Dann fällt die Mauer in sich zusammen, die uns jetzt noch trennt. Dann werde ich nach ihrer Hand greifen und sie nicht mehr loslassen. Dann werde ich ihr gestehen: „Ich habe mich in dich verliebt." Dann, …dann kann ich den Arzt abschreiben. Im Grunde genommen bin ich jetzt schon nicht mehr für sie der Therapeut, der über den angemessenen inneren Abstand verfügt, um wirklich eine Hilfe für sie sein zu können. Längst schon hätte ich in meiner Supervisionsgruppe darüber reden müssen, um mit den Kollegen anzuschauen, was da bei mir abläuft. Aber ich habe es nicht getan, weil ich wusste, was sie mir raten würden. Sie würden mir raten, die Therapie mit ihr abzubrechen, weil ich nicht länger in der Lage sei, in ihr eine Patientin zu sehen, für die ich als Arzt und Therapeut, nicht aber als Freund oder gar potenzieller Liebhaber da zu sein habe. Mir ist das klar. Doch ich will sie nicht verlieren. Ich will sie wieder sehen. Ich weiß, das alles ist unvernünftig und gegen mein ärztliches Ethos. Doch ich kann im Augenblick nicht anders. Sie spricht so offen über die Dinge, über die zu sprechen mir schwer fällt. Eigentlich fällt es mir nicht wirklich schwer. Es fehlt mir nur die Person, mit der ich offen darüber sprechen kann, bei der ich mich getraue, das zu sagen, was ich wirklich denke, an Fantasien habe, gerne tun würde. Ich bin es gewohnt, dass mir die anderen alles erzählen. Ich sehe, wie ihnen das gut tut. Sie fährt fort, über sich und ihre sexuellen Erfahrungen zu erzählen. Mir wird es dabei ganz heiß zu Mute. Vorsichtig, mich noch sehr be-

*deckt haltend, beginne ich von mir zu erzählen. Ich bleibe
vage und allgemein, gehe aber auch auf meine Sexualität
ein. In diesem Augenblick reißt der Vorhang, der bis jetzt
noch zwischen uns da war. Spätestens jetzt bin ich nicht
mehr ihr Therapeut. Ich will das auch nicht länger sein. Ich
will bei ihr nicht nur der immer verständnisvolle Gesprächs-
partner sein. Ich kann bei ihr meine Rolle nicht darauf be-
schränken. Sie zieht mich einfach so unendlich stark an.
Sie fasziniert mich wie ein Bild, das, wenn ich es betrachte,
mich immer mehr in sich hineinzieht, bis dahin, dass ich
mich für einen Moment in diesem Bild verliere, es mich
umfasst. Ich bin wie entrückt. Ich kann nicht länger unterscheiden, was ich bin und was sie ist. Hat sie mir nicht
gesagt, dass sie bei ihren Fantasien manchmal nicht mehr
auseinander halten kann, was Fantasie und was Wirklichkeit ist? Geht es mir jetzt bereits so wie ihr? Bin ich selbst
krank? Wie viel Unbearbeitetes in mir mag da an die Oberfläche kommen? Was mag das über mich selbst sagen, dass
ich mich so sehr in die Beziehung zu dieser Frau hineinzie-
hen lasse?*

Dank der Intervention einer therapeutischen Mitarbeiterin
brach die therapeutische Beziehung an dieser Stelle ab. Sie
hatte sich zunächst sehr gewundert über die Sonderbehand-
lung, die der Kollege jener Patientin entgegenbrachte. Schließlich wurde ihr klar, was da vonstatten ging. Für den jungen
Arzt war es eine wichtige Erfahrung, die ihn veranlasste,
eine Therapie zu machen. Außerdem brachte er die Situation und seine Erfahrungen in die kollegiale Supervisionsgruppe ein. Die Patientin kam recht schnell über den Verlust ihres Therapeuten hinweg. Es dauerte nicht lange, bis
ein anderer Therapeut zum Objekt ihrer Fantasien und ihres Begehrens wurde.

Sehnsucht nach dem ganz Anderen

*Was wir immer wieder in romantischer Liebe
suchen, ist nicht allein menschliche Liebe oder
menschliche Beziehung: Wir suchen auch eine
religiöse Erfahrung, eine Vision von Ganzheit.*

Robert A. Johnson

Die verwandelnde Kraft des Verliebens führt dich zu
deiner spirituellen Quelle. Eine solche Aussage mag
bei dir zunächst Überraschung, Verwunderung oder sogar
Abwehr erzeugen. Was Spiritualität und Verlieben miteinander zu tun haben, magst du dich fragen. Und dennoch
bin ich davon überzeugt, dass es sich so verhält. Es gibt
wohl kaum eine Erfahrung, die so intensiv Ausdruck unserer Seele ist und die so tief in unser Leben einwirken kann
wie das Verlieben. Hier geschieht etwas mit dir, das seinen
Ursprung in einem Bereich von dir hat, über den du nicht
einfach verfügen kannst. Ein Ort in dir, der ganz zentral zu
dir gehört und an dem gleichsam dein innerstes Selbst lebt.
Im Verlieben kommst du mit deinem Innersten in Berührung. Es kommt etwas über dich. Du wirst in einen außergewöhnlichen Zustand versetzt. Das Außergewöhnliche, das
in dir lebt, wird für dich in jenem Augenblick und in diesem Zustand erfahrbar und damit zugänglich. Du bist dabei einer Macht ausgesetzt, der du nicht widerstehen kannst.
Der göttliche Funken in dir hat in diesem Moment Feuer
gefangen. Du bist entbrannt. Die verdrängte, totgeschwie-

gene, tausendfach übergangene Tiefendimension in dir, die danach lechzt, sich in der Erfahrung des Spirituellen, des Heiligen und Göttlichen zur Entfaltung zu bringen, lässt sich von diesem Augenblick an nicht mehr bremsen, bricht aus der Tiefe hervor und macht sich mitunter stürmisch bemerkbar. Sie breitet sich überall in dir aus, erfüllt deinen Leib und deine Seele.

Zunächst projizieren wir diese Tiefenschicht, die für das Heilige, das Göttliche, die Erfahrung des Spirituellen empfänglich ist, auf die geliebte Person, indem wir *sie* zur Heiligen und Göttin erheben. Wir beten *sie* an, schauen zu *ihr* empor. Sie zu berühren ist für uns, wie wenn wir einen heiligen Schrein berühren. Ihre Nähe kommt der Öffnung eines heiligen Raumes gleich. Goethes Werther (1899, 54) spricht ergriffen:

Ach wie mir das durch alle Adern läuft, wenn mein Finger unversehens den ihrigen berührt, wenn unsere Füße unter dem Tische sich begegnen! Ich ziehe zurück wie vom Feuer, und eine geheime Kraft zieht mich wieder vorwärts – mir wird's so schwindelig vor allen Sinnen. – O! und ihre Unschuld, ihre unbefangene Seele fühlt nicht, wie sehr mich die kleinen Vertraulichkeiten peinigen. Wenn sie gar im Gespräch ihre Hand auf die meinige legt, und im Interesse der Unterredung näher zu mir rückt, dass der himmlische Athem ihres Mundes meine Lippen erreichen kann: – ich glaube zu versinken, wie vom Wetter gerührt... Sie ist mir heilig.

Ist das nicht eine Erfahrung vergleichbar dem brennenden Dornbusch, der Begegnung mit dem Numinosen, dem ganz Anderen? Eine Erfahrung, die mich das Ergriffensein und Erschaudern lehrt, die mich innerlich erzittern lässt? Jede Erfahrung des Numinosen enthält, so C.G. Jung, ein starkes Gefühl der eigenen Kleinheit. Angesichts einer solchen

Erfahrung könne man nur wie einer, der wirklich verliebt ist, stammeln: „Ich liebe dich." Weiter meint C.G. Jung (1994, 211):

Wenn ich in excessu affectus, in einer emotional exzessiven Situation, mit einem paradoxen Tatbestand oder Geschehen zusammenstoße, dann stoße ich letztlich mit einem Gottesaspekt zusammen, den ich nicht logisch beurteilen und bewältigen kann, weil er stärker ist als ich, das heißt, weil er numinosen Charakter hat und ich damit dem Tremendum und Fascinosum begegne. Ich kann ein Numinosum nicht 'bewältigen' nur ihm gegenüber geöffnet sein, mich überwältigen lassen, im Vertrauen auf seinen Sinn.

Wenn du dich unsterblich in einen Menschen verliebst, ergreift dich etwas, was bis in deine Wurzeln hinein wirkt. Es ist etwas am Werk, was dich geradezu überkommt. Etwas Numinoses. Du begegnest dem *Tremendum* und *Faszinosum*. Du kennst Momente, in denen du innerlich erzitterst, zutiefst erregt und innerlich in deinem Gefühlsleben davon getragen wirst und dich in einem abgehobenen Zustand erfährst. In diesem Zustand bist du offen, ja wirst du geöffnet für das Numinose, das Geheimnisvolle. Du machst die Erfahrung, dass mit dir etwas geschieht. Du darfst für Augenblicke in eine Welt schauen, wirst für Momente mit einer Wirklichkeit beglückt, die dich überwältigt, die das Übliche und Gewohnte durchbricht und aus den Angeln zu heben scheint. In seiner Elegie von Marienbad schreibt Goethe (1991, 79):

In unseres Busens Reine wogt ein Streben
Sich einem höhern, reinern, unbekannten,
Aus Dankbarkeit freywillig hinzugeben
Enträthselnd sich dem ewig, ungenannten;

Wir heissen´s fromm seyn! – Solcher seligen Höhe
Fühl ich mich theilhaft, wenn ich vor Ihr stehe.

Das *Tremendum und Fascinosum*, das Gefühl heiligen
Erschauerns und Angezogenseins, magst du zum ersten
Mal in der Begegnung mit der Person spüren, in die du
dich verliebt hast. In dir wird dadurch eine Erfahrungs-
qualität hervorgerufen, die ganz grundsätzlich zu dir gehört, die uns Menschen aber im Laufe der Jahrhunderte
immer mehr abhanden gekommen ist. Es ist eine in uns
eingepflanzte Tiefenschicht, die aus dem Innersten auf die
Erfahrung des Religiösen, des Spirituellen, des Heiligen und
Göttlichen, des ganz Anderen hin drängt. Das hat mit or-
ganisierter Religion, mit Kirchen oder der Mitgliedschaft in
ihnen zunächst wenig oder sogar nichts zu tun. Mitunter
tragen diese sogar dazu bei, dass dieser tief in uns angelegte Impuls hin zu religiösen und spirituellen Erfahrungen
gar nicht zum Zuge kommt. Vor allem, wenn sie in Forma-
lismus erstarrt sind und den Bezug zum göttlichen Kern im
Menschen verloren haben oder unfähig sind, diesen Bezug
wieder herzustellen. Vielleicht bleibt es auch dem Verlieben vorbehalten, solche Erfahrungen in uns zu wecken,
weil in unserer Gesellschaft, in unserer Kultur und in unseren christlichen Kirchen zu wenig Raum für solche Erfahrungen gegeben ist.
Solange aber unsere spirituellen Gefühle bei der vergötter-
ten Person hängen bleiben und wir im Glorien- und Heiligenschein, mit denen wir sie umgeben, „festgehalten" werden, bleibt der intendierte Verwandlungsprozess auf hal-
ber Strecke stecken. Dieser zielt darauf ab, *in uns* einen
Raum für spirituelle Erfahrungen zu schaffen. Wir sollen
dadurch das Heilige, Göttliche, Gott in uns entdecken, zulassen und zur Entfaltung bringen. So wunderschön es ist,
im Verliebtsein das Göttliche im anderen zu sehen, ent-

scheidend ist am Ende, angeregt und ausgelöst durch das Verlieben, das Göttliche in uns selbst zu entdecken.

Jetzt schleicht sich wieder die Sehnsucht an mich heran. Die Sehnsucht nach ihr, ihrer Nähe. Das Verlangen, von ihr geliebt zu werden. Damit einher geht ein Anflug von Vergötterung. So wie von ihr geliebt zu werden, das gibt es nur einmal. Das ist unüberbietbar. Verglichen damit ist alles andere bedeutungslos. Ich muss an meine Auseinandersetzung mit Gott denken, der mir verglichen mit der Erfahrung ihrer Liebe so belanglos erscheint, so leer, so unbedeutend. Ich spüre wieder den Wunsch, dass alles, was in mir wie ausgedörrt war, wieder erblühen möge, bewässert wird. Ich will nicht länger nur durch sie, durch die Beziehung zu ihr und die Nähe mit ihr Fruchtbarkeit und Lebendigkeit erfahren. Ich weiß doch inzwischen, dass ich mir etwas vormache, dass ich auf Pump lebe, dass es sich um eine vorgemachte, geliehene Fruchtbarkeit handelt, zumindest solange ich nicht selbst sprieße, mein Schoß sich öffnet, meine Lebendigkeit und Fruchtbarkeit sich über mich und meine Umgebung ergießt. Dann ist auch Gott für mich nicht länger wie ein ausgedörrter Baum. Dann wird er für mich zur Quelle und Labsal. Dann werde ich ihn nicht länger als letztlich unbedeutend für mich erleben. Er ist dann da, präsent, lebendig. Nicht weniger als sie. Nicht weniger greifbar, fühlbar, spürbar. Er wird wieder Wohnung bei mir nehmen und mich von seiner Mitte her umfassen. Ich spüre, wie Wärme sich in mir ausbreitet und ich ruhig werde.

Gott wurde Mensch in Jesus Christus. Das glauben die Christen. Man spricht hier von Inkarnation, im Sinne von Mensch-Werdung, genauer Fleisch-Werdung. Das Göttliche wird zum Menschlichen, vermischt sich mit dem Menschlichen, heiligt das Menschliche. Genau das geschieht im

114

Verwandlungsprozess des Verliebens. Das Göttliche bricht ins Menschliche, in die menschliche Erfahrung hinein. Wie anders könnte man sonst die gewaltige, uns umwerfende und total in Beschlag nehmende Erfahrung des Verliebens erklären? Gott wird Mensch. Das Göttliche kehrt bei uns ein, ergreift uns, sodass wir das Göttliche in uns spüren und erfahren dürfen. Das Verlieben kann so gesehen zu einer zutiefst religiösen Erfahrung werden. Das kommt auch in folgenden Worten von Angelus Silesius zum Ausdruck, auf die C.G. Jung (2000, 130) verweist:

> *Ach Freude! Gott wird Mensch und ist auch schon geboren!*
> *Wo da? In mir: er hat zur Mutter mich erkoren.*
> *Wie gehet es denn zu? Maria ist die Seel.*
> *Das Krippelein mein Herze, der Leib, der ist die Höhl.*

Auf diesem Hintergrund sind auch die Erfahrungen der Mystiker und Mystikerinnen zu verstehen. Ihr Gott-Verliebt-sein ist Ausdruck der in ihnen vollzogenen Gottesgeburt, der der Ich-Tod vorausging, damit das Gottesfünklein, das Einzige, was ihnen angesichts des Nichts blieb, zum alles bestimmenden göttlichen Feuer werden konnte. Sie haben ihre religiösen Gefühle nicht nach außen verlagert, an einer äußeren Anima festgemacht. Sie haben sie nach innen gerichtet. Sie haben sich von ihrer inneren Anima entflammen lassen. Sie wärmen sich an ihrem inneren Feuer, dessen Glühen sie antreibt, alle Sehnsucht in ihnen zu dem Einen, dem Ewigen, zu Gott hinströmen zu lassen, um sich mit ihm zu vereinigen. Sie haben das Göttliche, Gott in sich entdeckt und feiern diese Entdeckung in Augenblicken tiefster Erfüllung.

Sehr eindrucksvoll beschreibt der Mystiker Johannes vom Kreuz (1978,175f.) in dem Gedicht *Die dunkle Nacht.* den Weg, der vom Verlieben über die Erfahrung der dunklen

Nacht hin zur Vereinigung mit Gott führt. Dazu heißt es in der Überschrift: „Gesänge der Seele, die sich freut, auf dem Weg der Entäußerung den hohen Stand der Vollkommenheit, die Einigung mit Gott erreicht zu haben".

In einer dunklen Nacht,
entflammt von Liebessehnen,
o seliges Geschick!
entfloh ich unbemerkt,
da nun mein Haus in Ruhe lag.

In Dunkelheit und ungefährdet,
auf geheimer Leiter, vermummt,
o seliges Geschick!
in Dunkelheit und im Verborgnen,
da nun mein Haus in Ruhe lag.

In der seligen Nacht,
insgeheim, so dass mich keiner sah,
und ich selber nichts gewahrte,
ohne anderes Licht und Geleit
außer dem, das in meinem Herzen brannte.

Dieses führte mich
sicherer als das Mittagslicht
dorthin, wo meiner harrte
der mir wohl Vertraute,
an den Ort, wo niemand sonst sich zeigte.

O Nacht, die mich lenkte!
O Nacht, holder als das Frührot!
O Nacht, die den Geliebten
mit der Geliebten vereinte,
die Geliebte in den Geliebten wandelte.

An meiner blühenden Brust,
die für ihn sich ganz bewahrte,
dort schlief er ein,
und ich schenkte mich ihm,
und die Zedern fächelten im Wind.

Der Windhauch von der Zinne
– während ich sein Haar ausbreitete –
mit seiner leichten Hand
verwundete er meinen Hals
und machte alle meine Sinne schwinden.

So blieb ich und vergaß mich selbst,
neigte das Antlitz über den Geliebten,
alles erlosch, ich gab mich auf,
ließ meine Sorge fahren,
vergessen unter Lilien.

Die Mystiker haben den Punkt erreicht, den der Verliebte in der Regel noch nicht erreicht hat. Ihr Blick richtet sich direkt auf das Unendliche und den Unendlichen. Der in die geliebte Person Verliebte sieht noch in ihr das Unendliche bzw. den Unendlichen. „Wenn wir Johannes vom Kreuz in seiner Zelle besuchen, werden wir dort denselben Blick, dasselbe Ergriffensein in mystischer Kontemplation erleben wie bei dem Menschen, der total erfüllt ist von unsterblicher Liebe zum menschlichen Liebespartner. Wenn wir über den See zu einem Tempel in Indien gebracht werden, werden wir dort auf den heiligen Mann treffen, der in der selben Ekstase vor dem Altar von Shiva zittert. Es ist der gleiche Instinkt, es ist das gleiche heftige Drängen, und es zieht uns in die gleiche Richtung – zur Transzendenz." (Johnson 1999,54)
Der Weg zu deinem Innersten, deiner Anima, zu Gott, ist begleitet von der Erfahrung der Dunkelheit, die du aushal-

ten und durch die du hindurch gehen musst, um dahin zu gelangen. Die Projektion von der geliebten Person zurückzunehmen und stattdessen den Weg nach innen anzutreten, kann dich schier umbringen. Es ist ein mitunter brutaler Verzicht, für manchen wie ein Sterben. Doch es ist kein sinnloses Sterben, kein unnützes Leiden, wenn dir bewusst ist, wofür du leidest. Der junge Werther ging in den Tod. Dort glaubte er sich mit seiner äußeren Anima, Lotte, endgültig vereinigen zu können. Er wurde das Opfer seiner Projektion und Illusion. Wenn du dich – für immer – von der äußeren Anima verabschiedest, um zur inneren Anima zu finden, ist das mit dem Sterben vergleichbar. Dir blutet das Herz. Es zerreißt dich fast. Du glaubst, das nicht aushalten zu können. Genau in diesem Augenblick bist du aber dabei, dich zu verwandeln. Du kommst mit deinem Inneren, deinem wahren Selbst, in Berührung. Du spürst dich.

„Misere mei deus, secundum magnam misericordiam, misericordiam tuam." Den ganzen Tag über höre ich die Melodie von Gregorio Allegri zu dem Psalmwort: „Erbarme dich meiner, Gott, nach deiner großen Barmherzigkeit." Da ist ein Raum in mir, der Sixtinischen Kapelle vergleichbar, in der dieses Misere für eine lange Zeit gesungen wurde. Dieser Raum in mir wird durch die Melodie, die Worte, die Tröstungen, die von dem Miserere ausgehen, erwärmt und erhellt. Es ist eine zärtliche Wärme, es ist ein Licht wie von einer Kerze, die die Dunkelheit erleuchtet. Noch schmecke ich die Bitterkeit des Todes, doch sie ist aufgehoben im Miserere, in dem zaghaften Bitten, das über geht in ein Rufen und Schreien – hin zu Gott. Es ist Karsamstag. Der Tag zwischen Tod und Auferstehung. Dazwischen bewege ich mich. Zwischen dem Heute und dem Morgen. Im Leben und im Tod. Mitten im Tod vom Leben umfangen. Nur in dieser Spannung, nur in dieser Bewegung und in dieser Offenheit ist Verwandlung möglich. Nur wenn Leben und Tod nebeneinander und miteinander leben und sterben dürfen, kann das, was zu mir gehört, was mein Eigentliches ausmacht, zum Durchbruch kommen. Sonst laufe ich Gefahr, mich an etwas festzukrallen, mich auf etwas zu versteifen, von dem ich glaube, das ist es, die ist es – und sonst keine und nichts anderes. Ich schaufle mir damit mein eigenes Grab, zimmere mir eine Kiste zurecht, in die ich mich selbst einsperre. Dabei dachte ich, mir damit den Himmel auf Erden gesichert, einen Palast bezogen zu haben. Immer wieder höre ich das Miserere in mir. Ich lausche ihm und spüre, wie es mich erfüllt, mich weit werden lässt, mich den Himmel und den Palast in mir erfahren und erkosten lässt. Ich rufe, schreie: „Führe meine Seele aus dem Keller." (Ps 142,8) Aus dem Keller der Verstrickung. Aus dem Kerker unerlöster Vergangenheit. Aus dem Keller der Fixierung, aus dem Keller der Verengung und Enge. Aus dem Keller, der so vieles mit Dunkelheit umhüllt, mit Angst besetzt. Führe diese Sehnsucht heraus und mit ihr meine Seele, die davon getroffen, sich im Keller verkrochen hat. Führe meine Seele und meine Sehnsucht aus dem Keller ins Freie, ins Weite, ins Helle.

Sehr eindrucksvoll wird in folgendem alchemistischem Text (vgl. Jung 2001,108) die Erfahrung der dunklen Nacht beschrieben, die du durchwandern und bestehen musst, um am Ende zu dem ganz Anderen zu gelangen.

O gesegnete Natur und gesegnet ist dein Wirken,
weil du aus dem Unvollkommenen das Vollkommene
machst
durch die wahre Faulung, die schwarz und dunkel
ist.
Nachher lässest du neue und mannigfaltige Dinge
keimen,

mit deiner Grüne lässest du die verschiedenen Farben erscheinen.

Genau darum geht es auch bei der Erfahrung der dunklen Nacht. In diesem Zustand, so C. G. Jung, durchdringt das unsichtbare und darum dunkle göttliche Licht die Seele und läutert sie. So hart das in deinen Ohren klingen mag. Der Schmerz der Läuterung kann dir nicht erspart bleiben. Verwandlung geht einher mit der Erfahrung von Schmerzen. Das ist der ewige Vorgang der Entäußerung, wenn das Äußere immer mehr von dir abfällt, abfallen muss, damit du zum Inneren, deinem Kern, deiner Seele gelangen kannst. Wer etwas anderes sagt, sagt dir nicht die Wahrheit. Es stirbt etwas an dir und in dir. Es stirbt dein *Ego*, in das du dich in deiner Projektion verliebt hast. Es ist das gleiche Ego, das dich bisher davon abgehalten hat, deine innere Welt zu entdecken, dein Selbst, deine Seele – und sie für dein Leben fruchtbar zu machen. Das Ego, das von außen bestimmt wird, von Erfolg, Sieg, Leistung und das auf Kosten anderer wichtiger und fundamentaler Lebensbereiche. Das Ego, das dich bisher daran hinderte, dich in deiner Ganzheit und Einzigartigkeit, mit allen deinen Möglichkeiten – oder zumindest einigen mehr als bisher – zur Entfaltung zu bringen.

Um dich zu verwandeln, muss dein Ich sich mit deiner Seele vermählen. Die Anima führt dein Ich hin zur Seele. *Sie* ist ihr Ziel. Es geht nicht um die irdische Vermählung, sondern um die innerseelische. Es geht um die Kontaktaufnahme mit dem Ewigen. Deine kleine Welt, deine Sichtweise und Erfahrungsweise von Leben soll ergänzt werden um die universelle und ewige Sicht- und Erfahrungsweise. Du sollst Anschluss an die Welt-Seele bekommen, um dort Halt, Sinn, Ausrichtung zu erfahren. Dafür wird deine alte Welt, für die auch dein Ego steht, geopfert, sodass in dir eine neue Welt entstehen kann. Um zu dieser Qualität von

Leben zu gelangen, musst du nicht wie Romeo und Julia oder Tristan und Isolde sterben. Du musst nur das loslassen, was dich daran hindert, zu deiner Seele, der Sonne in dir zu gelangen. Du musst auf die nach außen projizierte Seele und Sonne, auf den Menschen, in den du dich verliebt hast oder besser noch auf das, was du in ihm siehst, was du auf ihn projiziert hast, verzichten. Du musst dabei alle die Unsicherheit, Dunkelheit, Angst und Verzweiflung aushalten, die dir dabei widerfahren. Nur so kann die Verwandlung in dir Wirklichkeit werden. Es kann einstürzen, was dich nicht länger trägt. Es kann wachsen, was wachsen muss, um neues Leben, eine neue Sichtweise von Leben zu ermöglichen.

Damit das Ewige, das Göttliche in dein Leben einbrechen kann, damit du für die Dimension des Ewigen und Göttlichen offen bist, muss das Menschliche an seine Grenzen geraten und der Widerstand dagegen gebrochen werden. Dies kann in der Erfahrung des Scheiterns geschehen, wenn du mit deiner Ohn-Macht konfrontiert dich der All-macht übergibst. Einräumen zu müssen, davor kapitulieren zu müssen, das göttliche Feuer nicht dadurch erlangen zu können, dass du die geliebte Person in Besitz nehmen kannst, kommt einer Niederlage gleich. Du kannst es dir nicht erkämpfen und erstreiten. Du kannst es dir nicht erobern. Du kannst dir das göttliche Feuer schenken lassen, wenn du aufgibst, es in der geliebten Person oder durch sie erreichen zu wollen. Du bekommst es, wenn du aufgibst, es erlangen zu wollen, wenn du loslässt. Wenn du dich, dein Ich, das sich so sehr bemüht und abstrampelt, „aufgibst". Du darfst das göttliche Feuer in dir erfahren, wenn du dem Größeren und Tieferen in dir die Führung überlässt, dich der größeren Macht in dir anheim stellst. Damit lässt du dich auf einen Weg ein, der dich in ein dir bisher nicht bekanntes Land führt. Ein Weg, der von dir viel, ja alles abverlangt und der mit vielen schmerzvollen Erfahrungen gepflastert ist. Der dich am Ende aber mit der Erfahrung beschenkt, die du mit nichts auf der Welt wirst eintauschen wollen: der Berührung durch das Heilige und Göttliche. Das Tor, das dir den Blick in das Ewige bis jetzt versperrte, wird geöffnet, das ganz Andere, das Numinose, Gott selbst kehrt bei dir ein und du bist zutiefst berührt und ergriffen im Bewusstsein und im Erfahren seiner Anwesenheit.

Durchbruch zu echter Liebe

O Leuchter aus Feuer,
deren Widerschein
den tiefen Höhlen der Sinne,
die finster und blind waren,
in seltener Pracht
Wärme und Licht verleihen,
dem Liebsten zur Seite.

Johannes vom Kreuz

Willst du dich für das Leben entscheiden, muss das sterben, was dich daran hindert, zu leben. Du musst von dem Zauber geheilt werden, der dich verblendet, der dich ein Leben der Illusion führen lässt. In *Tristan und Isolde*, einer der ergreifendsten Liebesgeschichten der Weltliteratur wird uns gezeigt, was geschehen kann, wenn es dir nicht gelingt, dich von diesem Zauber zu lösen.

Tristan und Isolde trinken den Liebestrank, von dem es heißt, dass die, die davon trinken, gezwungen sind, „sich über alles zu lieben, Leiden und Freuden, Leben und Tod miteinander zu teilen... Der Trank wirkte rasch. Ehe sie begriffen, was mit ihnen geschah, hatte die Liebe sie überwältigt. Von nun an war beider Sehnen nur auf den anderen gerichtet." (2000,89 ff) Sie kommen von diesem Augenblick an nicht mehr voneinander los. Auch als Tristan sich nach vielen Erlebnissen von Isolde, die auch die blonde Isolde genannt wird, trennen muss und schließlich Isolde Weißhand, eine schöne Herzogstochter heiratet, kommt er innerlich von der blonden Isolde nicht los. Ja, die weißhändige Isolde lässt seinen Schmerz über den Verlust der blonden Isolde wieder stärker werden. „Doch er liebte diesen Schmerz. Trauer um die Geliebte war seinem Herzen süßer als jede Freude. Wenn er sie sah, wurde ihm wohl und wehe zugleich. Gütiger Gott, sagte er oft zu sich selbst, in welche Verwirrung stürzt mich diese Gleichheit der Namen... Der weißhändigen Isolde bin ich mal böse, weil sie nicht die blonde ist, mal dankbar, weil sie mich an diese erinnert... Er lebt nur noch die Liebe oder den Traum davon. Und da er den in Gegenwart des Mädchens Isolde am schönsten träumte, war er oft bei ihr, sprach mit ihr und sah sie innig an... Aber als er neben ihr lag und seinen Körper an ihren schmiegte, fiel sein Blick auf den Ring, den ihm in Tintajol die andere Isolde gegeben hatte." (146) Da versiegte sein Verlangen nach der weißhändigen Isolde. Reglos lag sein Leib bei ihr, seine Seele aber weilte bei der blonden Isolde. Sie bleibt für ihn „die Schönheit selbst... der Maienglanz der Welt." (149) Als Tristan im Kampf eine Speerwunde davonträgt und im Sterben liegt, lässt er nach der blonden Isolde rufen, die allein über die Salbe verfügt, die ihn heilen kann. Die blonde Isolde macht sich sofort auf den Weg, doch sie kommt zu spät. Tristan stirbt, von Isolde Weißhand hinters Licht geführt, an Herzversagen. Sie hatte bei ihm den Eindruck erweckt, dass sich die blonde Isolde nicht auf dem herannahenden und sichtbaren Schiff befinde. „Das Schwinden jeder Hoffnung nahm ihm die Kraft zum Leben." (168) Die blonde Isolde findet nur noch den toten Tristan vor. „Sie warf sich über den Toten. Ihr Herz versteinerte vor Schmerz und zerbrach. Euer Tod wird auch mein Tod sein, hatte sie immer zu Tristan gesagt, und so geschah es." (169) Sie wurden nebeneinander begraben, eine Rebe wurde auf Isoldes Grab, eine Rose auf

Tristans Grab gepflanzt. „Rose und Rebe aber verschlangen sich ineinander und wuchsen auf wie nur eine Pflanze: ein Zeichen, dass die Liebe auch mit dem Tode nicht stirbt. Auch die Kunde von der unzerstörbaren Liebe der beiden starb nie. Und Tristans Lied, das er am liebsten sang, wurde noch lange in vielen Ländern von vielen Spielleuten gesungen:

„Isolde, meine Freude, Isolde, meine Not,
du bist für mich das Leben, du bist für mich der Tod."

Tristan kann nicht von der blonden Isolde lassen, die ihn mit einem Liebestrank verzaubert hat. Ihm gelingt die Entzauberung nicht, das Ausscheren aus der anscheinend schicksalhaften Verstrickung, die sie verbindet und fesselt. Er sucht im alltäglichen Leben, was dem innerpsychischen Leben vorbehalten ist. Die Folge davon ist, dass er nicht die wirkliche Isolde sieht, sondern eine Vision von ihr. Dadurch kann Tristan nicht das Geschenk echter, menschlicher, warmer, konkreter Liebe erfahren und genießen, das Isolde Weißhand ihm anbietet. So entscheidet er sich gegen das Leben und für den Tod.

Die Herausforderung des Verliebens anzunehmen und sie für das Leben zu nutzen, heißt aber, sich für das Leben und gegen den Tod zu entscheiden. Das wird dir gelingen, wenn du dich vom Verlieben nicht blenden, sondern davon anstacheln lässt, den Weg nach innen zu gehen. Dann kannst du den göttlichen Kern in dir entdecken, ihn frei legen und von ihm her dein Leben bestimmen lassen, sodass *dein* Glanz in dir leuchtet und auf dein Leben ausstrahlt. Die blonde Isolde, von der Tristan nicht wegkommt, steht für das Bild der Frau, das jeder Mann, wie C. G. Jung einmal sagte, von jeher in sich trägt. Dieses Bild der Frau in dir mit einer konkreten Frau, etwa dem aktuellen oder potenziellen Lebenspartner zu verwechseln, ist tragisch –

wie das Schicksal von Tristan und Isolde es veranschaulicht.

Kannst du aber das Bild der Frau bzw. des Mannes, das du von jeher in dir trägst, von der Frau oder dem Mann unterscheiden, mit dem du zusammenleben möchtest, schaffst du die Voraussetzungen, um diese wahrhaft lieben zu können. Du kannst dann das genießen und dich an dem erfreuen, was eine echte, irdische, geerdete Beziehung an Schönem dir und euch bescheren kann. Du siehst jetzt das Schöne, das, was euch wirklich trägt. Du bist in der Lage, das Alltägliche, Banale, Unromantische zu würdigen. Du entdeckst, dass die Essenz von Liebe mehr ist als guter Sex, außergewöhnliche Erfahrungen, ein gewisser Thrill und Kick, so sehr auch sie Ausdruck von Leben und Liebe sein können. Wenn du nicht länger von einem Glanz geblendet wirst, der einer anderen Welt angehört, die du kennen lernen wirst, sobald du den Weg nach innen antrittst, wirst du voller Dankbarkeit dem Menschen in die Augen schauen, an dich drücken, küssen und lieben, der dich liebt, so wie du bist. Der Mensch, der mit dir Seite an Seite durchs Leben geht – in guten wie in schlechten Tagen. Du bist befreit von dem Bann, der dich daran hinderte, in eine wirkliche, echte Beziehung zu dem Menschen zu treten, mit dem du zusammenlebst. Du siehst ihn jetzt so wie er ist und nicht länger wie er entsprechend dem Bild von der Frau oder dem Mann, das du von jeher in dir trägst, sein soll oder sein sollte. Das aber ist gut so. Jetzt bist du erlöst.

Jetzt kannst du aufatmen. Vor allem aber kannst du endlich anfangen, einfach zu leben. Tag für Tag, Stunde für Stunde. Viele Ehen scheitern auch deshalb, weil der Prozess der Entzauberung nicht mit dem Weg nach innen verbunden ist. Nach einem Bericht der Zeitschrift *Psychologie heute* (in: Christ in der Gegenwart, 2000,158) sind Ehepaare, die sich am Anfang ihrer Beziehung gegenseitig romantisch verklären, besonders scheidungsanfällig. Je intensiver die

Gefühle von Verliebtheit und Leidenschaft, desto schwieriger ist es, sie über die Zeit zu retten. Der Verlust von Liebe, Leidenschaft und Bewunderung ist ein weitaus größerer Grund für eine Scheidung als Schwierigkeiten, die sich aus dem Zusammenleben ergeben.

Tristan wollte mit der weißhändigen Isolde leben, er wollte mit ihr eine echte, lebendige, alltägliche Beziehung pflegen, *sie* auch sexuell erkennen. Doch er stand im Banne der unsterblichen Liebe zur blonden Isolde. Der Bezug zum Ewigen, zu dem uns Anima befähigen soll, verhinderte und behinderte in seinem Fall die Beziehungsfähigkeit zum menschlichen Partner. An die Stelle des Menschen war das Göttliche getreten. Das ist die große Gefahr, der alle jene ausgesetzt sind, die dem Göttlichen, sprich der religiösen Erfahrung, im innerpsychischen Bereich den gebührenden Platz verwehren und meinen, sie in den menschlichen Beziehungen, im konkreten, alltäglichen Leben erfahren zu können. In diesem Fall laufen sie Gefahr, die menschlichen Beziehungen zu missbrauchen und das im Namen des Göttlichen. Ihr menschliches, unsensibles und mitunter unverantwortliches und untreues Verhalten können sie dann sogar noch mit dem Glanz des Göttlichen tarnen. Doch nimmt man das weg, wird das ganze Ausmaß an Unmenschlichkeit, Härte und Verantwortungslosigkeit sichtbar. Tristan missbraucht die weißhändige Isolde, um in der Begegnung mit ihr dem Traum seiner Liebe anhängen und den Schmerz über ihre Abwesenheit spüren und vertiefen zu können.

Tristan vermochte nicht zu unterscheiden zwischen seiner Anima, der er in der blonden Isolde begegnete, und der konkreten Person, die ihm in der weißhändigen Isolde entgegentrat. Um aber eine wirkliche Beziehung zu dem Menschen aufnehmen zu können, mit dem du zusammen sein und zusammenleben willst, ja, um einen anderen Menschen wirklich lieben zu können, musst du die Beziehung zu der Göttin in dir, deiner Anima, und die Beziehung zu der konkreten Person auseinander halten. Die Vermählung mit der Göttin in dir, die wichtig ist und der du dich nicht entziehen darfst, ist etwas anderes und folgt anderen Gesetzen als die Vermählung mit der Person, mit der du in deinem Alltag zusammen sein willst. Wolltest du versuchen die himmlische Hochzeit im irdischen Leben zu vollziehen, würdest du die menschliche Partnerschaft mit etwas befrachten, was ihr nicht gemäß ist und sie überfordern. Es würde zugleich aber auch die Vermählung mit der Göttin in dir vereiteln. Du würdest dir damit deinen eigenen Wachstumsprozess und deinen Weg hin zu einer vertieften Spiritualität verbauen.

Vielen aber ergeht es wie Tristan. Sie versuchen das Unendliche, Unbegrenzte, Himmlische und Göttliche auf das Endliche, Begrenzte, Irdische und Menschliche zu übertragen, manchmal auch darüber zu stülpen. Das aber kann nicht gut gehen. Die Illusion ist vorprogrammiert, Scheitern und böses Erwachen sind unausweichlich. Den Himmel auf Erden gibt es nicht. Es gibt himmlische, beseelte Augenblicke. Diese kannst du erfahren, wenn du den Ausbau und die Vertiefung deines Innenlebens nicht vernachlässigst und dir auf diese Weise den Zugang zum Geheimnisvollen, Unendlichen, Unbegrenzten und Heiligen erschließt.

Projizierst du wie Tristan deine Anima auf eine Person oder Sache, verzerrst du die Wirklichkeit mit dem Ergebnis, dass du dich in Sachen und Personen verwickelst und verstrickst.

Deine Anima kann in den Dienst einer Vermittlerin zwischen deinem Ich und deinem Unbewussten treten, wenn du dir klar machst, dass die Weise, mit der du die geliebte Person siehst, eine Projektion darstellt und du die Entscheidung triffst, die Projektion zurückzunehmen. Dann bahnt sie dir den Weg zum Unbewussten, dem ganz Anderen und

Heiligen. C.G. Jung (2001, 129f.) sagt dazu, von der Anima sprechend:

Solange sie projiziert ist, veranlasst sie durch Illusionen aller Art endlose Verstrickungen in Menschen und Dingen. Durch die Zurücknahme ihrer Projektion wird sie wieder zu dem, was sie vorher war, nämlich zu einem archetypischen Bild, welches an der richtigen Stelle zum Vorteil des Individuums funktioniert. Zwischen Ich und Welt ist sie eine schillernde Shakti, die den Schleier der Maya wirkt und tanzend die Verblendung allen Seins erzeugt. Zwischen dem Ich und dem Unbewussten aber wird die Anima zur Grundlage göttlicher und halbgöttlicher Figuren, von der antiken Göttin bis zu Maria, von der Gralsbotin bis zur Heiligen.

Das aber heißt nicht, das Verlieben zu verhindern. Es geht nicht darum, das im Verlieben sich zeigende Drängen nach Illumination, Leuchten, Ekstase einfach auszurotten. Das wäre verheerend. Es geht darum, das Verlangen von der Person, auf das es gerichtet ist, abzuziehen und dahin zu kanalisieren, wo es letztlich hin will und zu deinem Wachstum beiträgt – nach innen. Da Tristan diesen Weg nach innen nicht gegangen ist, glaubte er bis zum Schluss die ewige Liebe dort suchen zu müssen, wo er sie letztlich nicht finden konnte – in der äußeren blonden Isolde. Er vermied den Weg der inneren Auseinandersetzung, der am Ende zur ewigen Liebe führt. Er missdeutete bis zum Schluss die Faszination und den Glorienschein der blonden Isolde. Sie wollten ihn an die blonde Isolde in ihm erinnern, an das göttliche Feuer und die ewige Liebe in ihm heranführen, die mit der Offenheit, dem Erfahren und Erahnen des Ewigen einhergeht. Tristan blieb in seinem Verliebtsein stecken.

Du magst fragen, was das soll. Heißt das nicht am Ende doch einfach zu verzichten, die Finger von der geliebten Person zu lassen, dem Drängen der Leidenschaft nicht nachzugeben. Ja und nein. Ich kann das Drängen, das sich im Verlieben zeigt, zulassen und zugleich durch die Leiderfahrung, das, was ich in der geliebten Person überhöht sehe, Zug um Zug zurücknehmen. Ich kann in der Erfahrung des Leides, das ein kreatives Leiden ist, dem Drängen den Weg nach innen bereiten. Ich mache dann mein Verlieben – auch indem ich den Heiligenschein vom geliebten Menschen wegnehme – für mein eigenes Wachstum und für eine echte Beziehung fruchtbar. Ich würdige damit die im Verlieben sich zeigende spirituelle Kraft, die mir sagen will, dass das *Tremendum und Fascinosum* Teil meines Lebens ist. Diese spirituelle Kraft ist Ausdruck meines Innersten, das über die geliebte Person sich gleichsam Luft verschafft und auf sich aufmerksam macht.

Das aber ist etwas anderes als das Drängen und die Gefühle, die sich im Verlieben melden, von vornherein abzuwürgen, sie überhaupt nicht zum Zuge kommen zu lassen. Das käme einer verpassten Chance gleich. Der Ruf der spirituellen Seite in uns, die über das Verlieben auf sich aufmerksam machen will, würde überhört und nicht ernst genommen werden. Vor allem aber würdest du dem Leiden aus dem Weg gehen, das mit deiner Abkehr von dem, was du der geliebten Person „angedichtet" hast, verbunden ist. Jenes kreative Leiden, das zu deiner Verwandlung führt, die dich am Ende mit der Erfahrung beschenkt, die Sonne in *dir* zu entdecken. Würdest du dich nicht auf das Verlieben einlassen, würde dir dieses Leid erspart bleiben. Es würde dir aber auch eine Erfahrung von Leben, Lebendigkeit und Heiligkeit vorenthalten werden, die zum Leben gehört, soll es ganz erfahren und gelebt werden können.

Hast du zum Göttlichen, Heiligen, zu dem ganz Anderen gefunden, indem du durch die dunkle Nacht gehst und den

Weg nach innen beschreitest, dann ist dein Blick am Ende klar, sind deine Gefühle gegenüber der geliebten Person geläutert. Und das ist eine weitere zentrale Erfahrung, die mit dem Zulassen des Verliebtseins und seines Auflösens durch die Rückführung der Projektion verbunden ist. Jetzt kannst du in eine echte Beziehung zu der anderen Person treten, da du sie nun so siehst, wie sie ist. Jetzt hängen dein Glück und deine Seligkeit nicht länger von ihr ab.

Jetzt bist du nicht länger das Opfer deiner Illusion und Faszination. Du hast deinem Verlangen nach dem *Tremendum und Fascinosum* Rechnung getragen, indem du den dafür empfänglichen Raum in dir selbst entdeckt und für deine Erfahrung verfügbar gemacht hast. Du musst jetzt diese Erfahrung nicht mehr über menschliche Beziehungen suchen. Du musst auf der anderen Seite deswegen nicht auf Erfahrungen des *Tremendum und Fascinosum* in menschlichen Begegnungen verzichten. Sie können dir dabei immer wieder geschenkt werden, wenn das Göttliche in das Menschliche einbricht, wenn du zum Beispiel in der sexuellen Begegnung oder im innigen Beten die Anwesenheit des Göttlichen, ja Gottes selbst, erfahren und verkosten darfst. Du erwartest dann aber nicht von der geliebten Person, dass sie an die Stelle Gottes tritt, sie zum Gott oder zur Göttin wird. Du und dein menschlicher Partner lassen sich beide vom Göttlichen berühren. Ihr seid beide bereit und fähig dazu, weil ihr den Weg nach innen gegangen seid, der mit der Erfahrung von Dunkelheit, Verzicht und Verzweiflung, mit großen seelischen Schmerzen verbunden sein kann. Es hat die Verwandlung stattgefunden, die mit dem Verlieben begonnen hat und die das eigentliche Ziel des Verliebens war.

Der Weg nach innen wird wohl nie ganz abgeschlossen. Er wird mit jedem Verlieben in Erinnerung gerufen. Es hängt von dir ab, ob du den Ruf hörst und den Weg nach innen antrittst oder im Außen versuchst, das zu erreichen und zu erfahren, was dich zum und im Verlieben antreibt. Solange der Weg nach innen ausgespart bleibt, wird die „Liebe" immer wieder erkalten. Wie jene Liebe, von der Thomas Mann in *Tonio Kröger* schreibt:

Und er umkreiste behutsam den Opferaltar, auf dem die lautere und keusche Flamme seiner Liebe loderte, kniete davor und schürte und nährte sie auf alle Weise, weil er treu sein wollte. Und über eine Weile, unmerklich, ohne Aufsehen und Geräusch, war sie dennoch erloschen. Aber Tonio Kröger stand noch eine Zeit lang vor dem erkalteten Altar, voll Staunen und Enttäuschung darüber, dass Treue auf Erden unmöglich war. Dann zuckte er die Achseln und ging seiner Wege.

Das Verlieben hält nur so lange an, so lange das Streichholz brennt. Das Verlieben sollte aber das Feuer in *dir* entfachen, damit es von innen brennt. Wenn dieses Feuer entfacht worden ist und brennt, muss es nicht länger durch das Verlieben, entfacht werden. Dann hast du erreicht, wonach tief in dir eine Sehnsucht vorhanden ist: ein Durchbrechen der engen Grenzen deines Ego und deiner kleinen privaten Welt. Dieses Herausgerissenwerden aus deiner Enge, diese Überschreitung deines Ichbewusstseins, „ist 'religiöse Erfahrung', und das, was wir suchen" (Johnson 1999, 58). Jetzt kann auch wahre, menschliche Liebe entstehen. Eine Liebe, die nicht länger geblendet wird vom Maienglanz, der in den Augen von Tristan die blonde Isolde umgab und ihn daran hinderte, einen konkreten, durchschnittlichen, einfach normalen, aber lebendigen, warmen, zur Liebe fähigen Menschen zu lieben.

Lasse dich von folgendem Gedicht *Lebendige Liebesflamme* von Johannes von Kreuz (1978, 185) anstacheln, diesen Weg des Verliebens zu gehen, der schließlich zur religiösen Erfahrung und der Fähigkeit, einen Menschen wahrhaft zu lieben, führt.

O lebendige Liebesflamme,
die du zart verwundest
meine Seele in der tiefsten Mitte!
Da du nicht mehr spröde bist,
vollende, wenn du willst,
zerreiß die Hülle dieser zärtlichen Begegnung!

O sanfte Gefangenschaft!
O geschenkte Wunde!
O milde Hand! O zarte Berührung,
die nach ewigem Leben schmeckt
und jede Schuld tilgt!
Tötend hast du Tod in Leben umgewandelt.

O Leuchter aus Feuer,
deren Widerschein
den tiefen Höhlen der Sinne,
die finster und blind waren,
in seltener Pracht
Wärme und Licht verliehen, dem Liebsten zur Seite.

Wie sanft und liebevoll
erwachst du in meinem Schoße,
wo du insgeheim alleine wohnst!
Und mit deinem köstlichen Sehnen,
voll des Guten und der Herrlichkeit,
wie zärtlich führst du mich zur Liebe.

Nachwort

Mit Ihnen geschieht jetzt so viel;
Sie müssen geduldig sein
wie ein Kranker und zuversichtlich
wie ein Genesender;
denn vielleicht sind Sie beides.

Rainer Maria Rilke

Lieber Leser, liebe Leserin, ich bin am Ende meiner Erzählungen über das Verlieben angekommen. Konnte ich dich mit meinen Geschichten erreichen? Ist es mir gelungen, in dir einen Funken zu wecken, Erinnerungen aufzufrischen, deine Sichtweise vom Verlieben zu bestätigen oder zu erweitern?

Mich hat die Beschäftigung mit diesem Thema in den letzten Wochen und Monaten so sehr absorbiert, dass ich es zwischendurch, wenn ich mich mit anderen Dingen beschäftigen musste, kaum erwarten konnte, an meinen Erzählungen weiter zu schreiben. Meine Stimmung in dieser Zeit, meine Träume und meine Erfahrungen waren immer wieder eingefärbt und beeinflusst davon. Auch ist mir im Schreiben manches über mich selbst klarer geworden. Zugleich merke ich jetzt am Ende meiner Geschichten, wie unvollkommen und einseitig meine Darstellung ist und bleiben muss.

Vor einigen Tagen bin ich einer jungen Frau begegnet, etwa 20 Jahre alt, deren Freundschaft mit einem jungen Mann gerade zu Ende gegangen war. Sie saß die meiste Zeit über schweigend und traurig da. Ich meinte zu wissen, was in ihr vorgeht. Sie befand sich offensichtlich mitten im Trauerprozess über den Verlust des Menschen, der ihr so unendlich wichtig war, mit dem sie Einzigartiges, bisher für sie Unbekanntes, erleben durfte. Für einen Augenblick überlegte ich, ob ich sie ansprechen, ihr etwas über das Verlieben und dem, was es bedeuten kann, wenn es zu Ende geht, erzählen sollte. Aber ich tat es schließlich doch nicht. Sie war ja gerade dabei zu *erfahren*, wie das ist, wenn etwas, das so einzigartig ist, zu Ende geht. Warum sollte ich sie dabei stören? Denn darauf kommt es an: sich auf die Erfahrung einzulassen, die ich mache, wenn ich vom siebten Himmel auf die Erde falle. Diese Erfahrung soll ihr und niemandem erspart bleiben.

Ich will dir damit sagen: Lasse dich auf das Verlieben ein. Auf alle die schönen und wunderbaren Erfahrungen, die es begleiten. Lasse dich zugleich aber nicht von der Flamme der Leidenschaft betören und mache dich auf den Weg, der dich am Ende den konkreten Menschen sehen lässt, so wie er ist. Das wird dir gelingen, wenn du das Außergewöhnliche an ihm, das dich in Bann versetzt, in dir entdeckst. Wenn du im Bestehen der dunklen Nacht das göttliche Feuer in dir entdeckst, die spirituelle Kraft als eine ganz wesentliche Seite, als einen ganz entscheidenden Teil deines Lebens erfahren darfst.

Literatur

Günter de Bruyn: Tristan und Isolde, neu erzählt, Frankfurt 2000

Christ in der Gegenwart, Nr.20, 2000

Paul Claudel: Pages de Prose, Paris 1944

Marie Louise von Franz: Der Individuationsprozeß, in: C.G. Jung: Der Mensch und seine Symbole, Olten/ Freiburg 1968

Johann Wolfgang von Goethe: Der junge Werther, Leipzig 1899

Johann Wolfgang von Goethe: Elegie von Marienbad. Urschrift. Hg. von Jürgen Behrend und Christoph Michel, Leipzig 1991

Josef Goldbrunner: Realisation. Anthropologie in der Seelsorge und Erziehung, Freiburg 1966

Mark Goulston: in Time-Magazin vom 15.2.1993

Patrick McFarth: Stella, Berlin 1997

Robert A. Johnson: We. Understanding the Psychology of Romantic Love, San Francisco 1999

Carl Gustav Jung: Praxis der Psychotherapie, Zürich/ Stuttgart 1958

Carl Gustav Jung: Mensch und Seele, hg. von Jolande Jacobi, Olten 1971

Carl Gustav Jung: Ein großer Psychologe im Gespräch, Freiburg 1994

Carl Gustav Jung: Die Psychologie der Übertragung, München 2001

Johannes vom Kreuz: Die dunkle Nacht und die Gedichte, Einsiedeln 1978

Hermann Kurzke: Thomas Mann. Das Leben als Kunstwerk– Eine Biographie, München 2000

Jochen Paulus: Blindlings glücklich, in: DIE ZEIT Nr. 28, Hamburg 4. Juli 1997

Esther Spector Person: Lust auf Liebe. Die Wiederentdeckung des romantischen Gefühls, Hamburg 1990

Walter Schubart: Religion und Eros, München 1989

Wolfgang Senf/Michael Broda (Hg.): Praxis der Psychotherapie, Stuttgart 1996

Murray Stein: C.G. Jungs Landkarte der Seele. Eine Einführung, Düsseldorf 2000

Stendhal: Über die Liebe, München 1944

Dorothy Tennov: Limmeranz – über Lieben und Verliebtsein, München 1981

Thomas J. Tyrell: Urgent Longings. Reflections on Infatuation, Intimacy, and Sublime Love, Mystic, Connecticut 1994

Dieter Wyss: Lieben als Lernprozeß, Göttingen 1975

Sexualität und Spiritualität

Wunibald Müller
Ekstase
Sexualität und Spiritualität
Toposplus, Band 306
1999. 128 S. Kart.
ISBN 3-7867-8306-3

Ein überzeugendes Plädoyer für eine lebensbejahende
Einstellung gegenüber dem Leib und für eine Versöh-
nung von Sexualität und Spiritualität.

Matthias-Grünewald-Verlag
Postfach 30 80 · 55020 Mainz

mail@gruenewaldverlag.de
www.engagementbuch.de

Wie eheloses Leben gelingen kann

Wunibald Müller
Liebe und Zölibat
Wie eheloses Leben
gelingen kann
Toposplus, Band 352
2000. 160 S. Kart.
ISBN 3-7867-8352-7

Ein bewusst eheloses Leben kann nur dann gelingen, wenn dadurch die Begegnung mit den Menschen in Liebe nicht erschwert, sondern gefördert wird.

Matthias-Grünewald-Verlag
Postfach 30 80 · 55020 Mainz

mail@gruenewaldverlag.de
www.engagementbuch.de

Vom Reichtum
ganzheitlicher Begegnung

Wunibald Müller
Intimität
Vom Reichtum
ganzheitlicher Begegnung
4. Aufl. 1997. 128 S. Kart.
ISBN 3-7867-1406-1

Der Autor schildert Voraussetzungen, Formen und Grenzen ganzheitlicher Nähe zu sich selbst, zu anderen und zu Gott. Daraus entwickelt er Perspektiven für ein erfülltes, intensives Leben. Die Erfahrungen zölibatär lebender Menschen werden dabei besonders beachtet.

Zum Thema dieses Buches ist unter dem Titel „Intimität und Eros" eine Sprechkassette erhältlich (ISBN 3-7867-2140-8).

Matthias-Grünewald-Verlag mail@gruenewaldverlag.de
Postfach 30 80 · 55020 Mainz   www.engagementbuch.de